Christina B. Parker
Ich weiche nicht mehr aus

W0047826

Christina B. Parker

# Ich weiche nicht mehr aus

Leben mit einem alkoholabhängigen Partner

Blaukreuz-Verlag Wuppertal
Blaukreuz-Verlag Bern

Christina Parker mußte erst lernen, mit ihrem alkoholabhängigen Partner angemessen umzugehen. Ihr christlicher Glaube war dabei die Grundlage und qualifizierte Fachliteratur eine wichtige Hilfe. Von der New York State Press Association wurde sie für ihre Tätigkeit als Zeitungsjournalistin und Kolumnistin ausgezeichnet.

Die Deutsche Bibliothek – CIP-Einheitsaufnahme

**Parker, Christina B.:**
Ich weiche nicht mehr aus : Leben mit einem alkoholabhängigen Partner / Christina B. Parker. [Übers. Carsten Westmeier]. – 2. Aufl. – Wuppertal : Blaukreuz-Verl. ; Bern : Blaukreuz-Verl., 1998
   Einheitssacht.: When someone you love drinks too much <dt.>
   ISBN 3-89175-109-5 (Wuppertal)
   ISBN 3-85580-335-8 (Bern)

© 1994 der deutschen Ausgabe: Blaukreuz-Verlag Wuppertal –
   2. Aufl. 1998
© 1990 der amerikanischen Originalausgabe: Christina B. Parker, When someone you love drinks too much, erschienen bei Harper & Row, Publishers, San Francisco
Übersetzung: Carsten Westmeier
Titelgestaltung: Eberhard Platte
Satz: Blaukreuz-Verlag Wuppertal
Druck und Herstellung: St. Johannis-Druckerei, Lahr

ISBN  3 89175 109 5 Blaukreuz-Verlag Wuppertal
ISBN  3 85580 335 8 Blaukreuz-Verlag Bern

# Inhalt

Warum ich dieses Buch geschrieben habe ................... 8

**Teil I: Das Problem im Überblick**
Kapitel 1:  Warum können wir nicht wie normale
Leute leben? ......................... 13
*In unserer Gesellschyft gehört Alkohol dazu* ......... 15
Kapitel 2:  Folgeschäden des Alkoholismus ................... 18
*Körperliche Schäden* ...................... 18
*Finanzielle Schwierigkeiten* ...................... 20
*Psychischer und emotionaler Schaden* ............... 20
*Geistlicher Schaden* ...................... 22
Kapitel 3:  Alkoholismus – Sünde oder Krankheit? ............... 24
*Trunkenheit ist Sünde* ...................... 24
*Alkoholismus ist eine Krankheit* ............... 25
*Zum Trinken geboren?* ...................... 27
*Was sagt die Bibel über Sünde und Krankheit?* ...... 28
Kapitel 4:  Wer ist alkoholkrank? ...................... 32
*Zwanzig Fragen zur Alkoholabhängigkeit* ............. 34
*Ein Test für Sie selbst* ...................... 35
*Dürfen wir „Alkoholiker" sagen?* ............... 36
Kapitel 5:  Beginnen Sie ein neues Leben ............... 38
*Sich ändern – aber wie?* ...................... 39
*Sich ändern – warum?* ...................... 40
*Elisabeth* ...................... 42
*Veränderungen, die nichts nützen* ............... 44
*Widerstände, mit denen Sie rechnen müssen* ......... 45

**Teil II: Wahrheit statt Verleugnung**
Kapitel 6:  Verleugnung: Alles unter den Teppich kehren ....... 47
*Wie verleugnet der Alkoholkranke?* ............... 48

5

Wie verleugnet die Familie? ............................ 49

Warum verleugnet die Familie? ........................ 50

Wenn andere verleugnen – Sie nicht mehr! ........... 52

Kapitel 7: Konfrontation: Die Wahrheit in Liebe sagen ........ 53

Konfrontation ist keine Verurteilung ................... 54

Wie sollen wir jemanden mit der Wahrheit
konfrontieren? ............................................. 55

Gezielte Konfrontation .................................. 59


**Teil III: Aus der Angst zum Glauben**

Kapitel 8: Lassen sie sich nicht unterkriegen ................ 61

Haben Sie Angst davor, daß ... ........................ 61

Ratschläge, die mir und anderen geholfen haben ... 62

Wurzeln der Angst: falsche Denkmuster .............. 65

Gottesfurcht ............................................. 67

Kapitel 9: Rechnen Sie mit Gottes Hilfe ..................... 68

Was Gott für Sie tun will ............................... 70

Kapitel 10: Handeln Sie im Vertrauen auf Gottes Hilfe ......... 71

Üben Sie feste, konsequente Liebe .................... 71

Sie können Gott näherkommen .......................... 73


**Teil IV: Freiheit statt Gebundenheit**

Kapitel 11: Loslassen und Frieden finden .................... 76

Wie sich Co-Abhängigkeit entwickelt .................. 77

Loslassen – aber wie? ................................... 80

Frieden finden .......................................... 82

Kapitel 12: Ordnen Sie Verantwortung richtig zu ............. 83

Was ist feste, konsequente Liebe? ..................... 84

Wie äußert sich feste, konsequente Liebe? ........... 86

Kapitel 13: Gehen Sie mit Ihrem Zorn konstruktiv um .......... 89

Äußern Sie Ihren Zorn konstruktiv .................... 90

Verringern Sie Ihren Zorn durch Akzeptanz
der Realität ............................................. 91

Korrigieren Sie Ihre Denkmuster ....................... 93

Kapitel 14: Was das Leben krank macht ...................... 96

Selbstmitleid ........................................... 96

Neid .................................................... 97

*Selbstgerechtigkeit* ...................................... 98
*Unversöhnlichkeit* ...................................... 98
*Falsche Schuldgefühle* .................................. 99
*Depressionen* ........................................... 102
*Ausgebranntsein* ........................................ 102

## Teil V: Frieden statt Streit
Kapitel 15: Entschärfen Sie den Streit ................... 105
*Streitpunkt Sex* ........................................ 109
*Streitpunkt Finanzen* ................................... 110
Kapitel 16: Lassen Sie sich nicht mißhandeln! ........... 111
*Ursachen der Mißhandlungen* ............................. 113
*Was ist bei Mißhandlungen zu tun?* ...................... 113
*Die Frage der Unterordnung* ............................. 114
*Darf ein Christ sich von seinem Partner trennen?* . 115

## Teil VI: Gesunde Selbstliebe statt Märtyrerhaltung
Kapitel 17: Selbstachtung ist nicht Selbstsucht ......... 118
*Gewinnen Sie neue Perspektiven* ......................... 121
*Lernen Sie, sich selbst zu lieben* ...................... 122
Kapitel 18: Übernehmen Sie Verantwortung für sich selbst ..... 125
*Sind Sie „krisensüchtig"?* .............................. 125
*Denken Sie positiv* ..................................... 127
*Setzen Sie sich Ziele* .................................. 127
*Und was ist mit den Kindern?* ........................... 129
*Selbstdisziplin und innere Festigung* ................... 130

## Teil VII: Gesunde Beziehungen aufbauen
Kapitel 19: Erweitern Sie Ihren Horizont ................ 133
*Überwinden Sie Ihre Isolation* .......................... 133
*Vertrauen Sie sich jemandem an* ......................... 134
*Die lieben Verwandten* .................................. 135
*Sie können die Welt nicht retten* ....................... 136
*Hilfe für Sie selbst* ................................... 138
*Hilfe für den Alkoholabhängigen* ........................ 139
Kapitel 20: Zusammenfassung ............................. 140

# Warum ich dieses Buch geschrieben habe

Dreht sich Ihr ganzes Leben um einen Ihrer Angehörigen, der zuviel trinkt oder andere Drogen gebraucht? So ging es mir viele Jahre.

Genaugenommen ist mein Leben durch den Alkoholmißbrauch meines Mannes noch immer stark belastet, und wahrscheinlich wird das noch lange so bleiben. Doch Gott hat mir in dieser Situation so viel Gelassenheit und inneren Frieden gegeben, wie ich es nie für möglich gehalten hätte.

Können Sie nachts nicht schlafen vor Sorge, weil er oder sie immer noch nicht nach Hause gekommen ist? Und wenn doch, wurden Sie dann in endlose Streitereien verwickelt? Ich habe viele solcher Nächte erlebt. Wenn es Ihnen auch so geht, dann ist dieses Buch für Sie.

Haben Sie das Gefühl, daß Sie nicht mehr selbst über Ihr Leben bestimmen können, sondern immer nach der Pfeife eines anderen tanzen und eine Krise nach der anderen durchmachen müssen, statt eigene Ideen und Ziele zu verwirklichen? Fühlen Sie sich gefangen in einer Situation, die Ihnen aus den Händen geglitten ist? Genauso habe ich mich lange gefühlt. Aber ich habe erfahren, daß es Auswege gibt.

Laden Sie sich die Verantwortung für die Aufgaben anderer auf? Versuchen Sie die schlimmem Folgen zu mildern oder auszugleichen, die der Alkohol- oder Drogenmißbrauch Ihres Angehörigen verursacht? Stellen Sie eigene Bedürfnisse und Ziele zurück, um den Alkoholkranken zurechtzubringen? Genau das habe ich lange getan. Doch dann habe ich entdeckt, daß es auch andere, wirksamere Möglichkeiten gibt.

Lange habe ich gar nicht erkannt, daß viele Probleme in meiner jungen Familie vom Alkohol verursacht wurden. Einerseits war ich zu naiv, um das zu merken, andererseits wollte ich es auch einfach nicht wahrhaben. Anders als viele Partner von Alkoholkranken bin ich nicht mit dieser Krankheit aufgewachsen: Meine Eltern tranken zwar Alkohol, wenn sie Gäste hatten oder eingeladen waren, aber niemals maßlos. Deshalb hielt ich Trinken für etwas ganz Normales für Erwachsene, wenn ich selbst auch nicht viel dafür übrig hatte. Aber ich hatte keine Ahnung davon, woran man die zerstörerischen Auswirkungen von maßlosem Trinken erkennt. „Alkoholiker" war ein schockierendes Wort für mich, das ich nicht auf die Leute beziehen konnte, die ich persönlich kannte.

Doch als ich dann verheiratet war und selbst eine Familie hatte, war alles anders. Die Probleme spitzten sich immer mehr zu. Der Zusammenhang mit dem Alkohol war nicht mehr zu übersehen. Schließlich war es so weit, daß ich nach einer schrecklichen Nacht die beiden Kinder und ihre Lieblingsspielsachen in unseren Kombiwagen packte und über sechshundert Kilometer zu meinen Eltern fuhr, ohne jemandem etwas davon zu sagen. Es war eine „endgültige" Entscheidung, die ungefähr eine Woche dauerte – keine sehr reife Lösung.

Danach war ich endlich davon überzeugt, daß ich Hilfe brauchte, und begann, eine Selbsthilfegruppe für Angehörige von Alkoholkranken zu besuchen. Ich dachte, dort würde man mir viel Mitgefühl entgegenbringen und mir ein paar passende Ratschläge für meine Situation geben. Aber dem war nicht so. Statt dessen begegnete ich dort ganz neuartige Auffassungen.

Zu den Dingen, die ich lernte, wenn es auch zunächst nur ein reines Kopfwissen blieb, gehörte folgendes:

- Alkoholismus ist eine Krankheit.
- Ich habe sie nicht verursacht, kann sie nicht heilen und kann sie nicht kontrollieren. (Dies nahm mir eine schwere innere Last.)
- Auch ich bin krank, weil die „Abhängigkeit von dem Alkoholkranken" oder „Co-Abhängigkeit" eine eigene Krankheit ist.
- Ich kann zwar den Alkoholkranken weder ändern noch kontrollieren. Trotzdem kann sich meine Situation verbessern, wenn ich meine eigene Haltung verändere.
- Ich bin für mein Leben und mein Glück verantwortlich und der Alkoholkranke für das seine.
- Ich muß lernen, meine Situation anzunehmen, mich gefühls-

mäßig von dem Alkoholkranken zu lösen und die Grenzen meiner eigenen Kraft zu erkennen.

● Wenn ich zulasse, daß ich mißhandelt werde, ist das ein Symptom meiner eigenen Krankheit.

Aber ich merkte bald, daß dieses Wissen allein nicht ausreichte. Ich mußte jahrelang üben, um es auch praktisch umsetzen zu können.

Aber es half. Die Beziehung zu meinem Mann wurde friedlicher und weniger zerstörerisch, zumindest für eine Weile. Es gab weiterhin gute und schlechte Zeiten, aber insgesamt war es mir möglich, sinnvoller zu leben. Die Probleme anderer überließ ich den anderen und kümmerte mich nur noch um meine eigenen.

Dennoch hatte ich Vorbehalte gegenüber dem, was ich in der Selbsthilfegruppe hörte. Ich hatte nicht lange vorher mein Leben bewußt Gott anvertraut. Ich besuchte eine christliche Gemeinde, las christliche Literatur und hörte öfter christliche Radiosendungen. So wurde ich mit den Wahrheiten der Bibel vertraut. Vieles davon war allerdings anders formuliert und hatte einen anderen Klang als die Grundsätze, die ich in meiner Selbsthilfegruppe kennenlernte.

Einige Gedanken, die in meiner Gemeinde als christlich angesehen werden, brachten mich in Zweifel und Konflikte:

● Wirkliche Liebe ist bedingungslos und hat nicht das geringste mit dem Verhalten anderer zu tun.

● Anderen so zu dienen, wie Jesus es tat, bedeutet, daß man sich alles von ihnen gefallen lassen muß.

● Es ist unchristlich, für seine eigenen Rechte, Wünsche und Bedürfnisse einzutreten.

● Zu vergeben bedeutet, daß man die Konsequenzen aus dem falschen Handeln anderer auf sich nimmt.

● Eine Frau muß ihren Mann kritiklos verehren und sich ihm nahezu bedingungslos unterordnen. Sie darf ihn auf keinen Fall verlassen.

Das verwirrte mich. Waren diese beiden Sichtweisen nicht unvereinbar? War das, was ich in der Selbsthilfegruppe gelernt hatte, ein Ausdruck mangelnder christlicher Nächstenliebe? Oder wurde die Lehre Jesu vielleicht auch in der Gemeinde manchmal falsch verstanden?

Die Grundsätze der Selbsthilfegruppe halfen mir bei meinen Problemen. Ich hatte dadurch meine Furcht und mein Selbstmitleid größtenteils überwunden, mein Selbstwertgefühl war wieder gewachsen, Streitereien und Gewalt zu Hause waren zurückgegangen.

Aber das genügte mir nicht. Ich wollte herausfinden, ob die Grundsätze, die ich in meiner Selbsthilfegruppe kennengelernt hatte, auch mit der Bibel in Einklang standen. Denn ich wollte mich ja ganz auf Gott verlassen. Zudem hatte alles, was ich aus der Bibel gelernt hatte, sich gleichzeitig als wunderbar praktisch erwiesen. Ich glaube, daß wir einen sehr praktischen Gott haben. Es blieb mir also nichts anderes übrig, als mich selbst mit diesem Thema zu befassen.


*Meine Hauptfragen:*

● Darf ich andere in ihre Grenzen weisen, wenn sie mich schlecht behandeln? Oder verurteile ich sie dadurch?
● Was bedeutet Vergebung wirklich?
● Darf man sich ärgern oder ist das Sünde?
● Ist Alkoholismus wirklich eine Krankheit oder ist er eine Sünde?
● Ist bedingungslose Annahme die höchste Form der Liebe?
● Ist es falsch, sich selbst zu lieben?
● Kann die Trennung von meinem Partner ein positiver Schritt sein?

Ich las Dutzende von christlichen und säkularen Büchern über Alkoholismus und verwandte Themen, machte stapelweise Notizen – und wurde nur noch verwirrter. Zwar gab mir jedes Buch einige brauchbare Denkanstöße, insgesamt waren die Standpunkte aber doch zu unterschiedlich. Keines der Bücher vertrat Grundsätze, denen ich mich rundum anschließen konnte. Einige gaben gute Ratschläge für den Alkoholkranken – aber ohne die Mitarbeit meines Mannes blieben sie nutzlos. Andere schrieben ein Schritt-für-Schritt-Programm vor, das ich befolgen sollte, als ob ich kein Erwachsener wäre, der für sich selbst entscheiden kann, wenn er bestimmte Grundsätze verstanden hat. Und als ob jede Situation dieselbe wäre. Andere vertraten einen „Sei hart"-Kurs, ohne jedoch zu erklären, wo dabei die Liebe blieb. Im Gegensatz dazu empfahlen einige Bücher christlichen Ehefrauen, stets sanft und nachgiebig zu sein.

Schließlich wandte ich mich bei meiner Suche der Bibel zu, wie ich es von Anfang an hätte tun sollen. Im Buch der Sprüche – und später auch noch in vielen anderen Büchern der Bibel – fand ich eine Menge wichtiger, praxisnaher Gedanken, die mir weiterhalfen.

Ich möchte Sie in diesem Buch teilhaben lassen an den Antworten, die ich fand, und an den Schlußfolgerungen, die ich daraus zog. Dieses Buch ist zugleich ein Ergebnis meines eigenen Weges zur Heilung, eines Weges, der noch immer nicht zu Ende ist. Wenn Sie so wie ich unter den Auswirkungen der Alkoholabhängigkeit eines Ihrer Angehörigen leiden: Lassen Sie uns ein Stück miteinander gehen.

Alle Namen, die ich in diesem Buch nenne, habe ich geändert, um die Privatsphäre dieser Menschen zu schützen. Alle Ereignisse, die ich schildere, sind wahre Begebenheiten. Entweder habe ich sie selbst erlebt oder jemand, den ich persönlich kenne.

In den meisten dargestellten Situationen geht es um einen männlichen Alkoholkranken und eine weibliche Co-Abhängige. Dies ergibt sich aus meinem persönlichen Hintergrund und meinen Erfahrungen. Jedoch lassen sich die dargestellten Grundsätze weitgehend auch auf eine umgekehrte Konstellation anwenden.

# Teil I:
# Das Problem im Überblick

## Kapitel 1:
## Warum können wir nicht
## wie normale Leute leben?

*„Ich dachte in meinem Herzen, meinen Leib mit Wein zu laben, doch so, daß mein Herz mich mit Weisheit leitete" (Prediger 2, 3).*

*Evas Geschichte*

Eva spürte, wie sich ihr Magen zusammenkrampfte, als sie Thomas' Auto zwei Stunden zu spät die Einfahrt hochkommen hörte. Bis dahin war es eine so schöne, friedliche Woche gewesen. Sie hatte gedacht, daß sie und Thomas es vielleicht geschafft und sie ihre Probleme überwunden hätten. Aber das war wohl doch nur eine Illusion gewesen.

Ein Blick in Thomas' glasige, leere Augen sagte ihr, daß ihnen kein guter Abend bevorstand. Als Thomas die Sorge und Enttäuschung in ihrem Gesicht erkannte, sah er sie trotzig an, so als ob er sie herausfordern wollte, etwas über seine Verspätung oder seinen Zustand zu sagen. Die Auseinandersetzung war schon vorprogrammiert, noch bevor jemand ein Wort gesagt hatte.

Die Kinder saßen überdreht am Abendbrottisch infolge der schlechten Laune ihrer Eltern und des langen Wartens auf das Essen. Jochen brach in Tränen aus, als Eva ihm sagte, er müsse seine Erbsen aufessen. Daraufhin herrschte Thomas ihn an: „Hör auf zu heulen, oder ich gebe dir einen Grund dazu!"

Diese Äußerung, die noch nie ein Kind dazu gebracht hat, mit

13

Weinen aufzuhören, funktionierte auch bei Jochen nicht. Schließlich gingen die Kinder bedrückt auf ihre Zimmer.

„So einen trockenen und zähen Braten habe ich noch nie gegessen", beschwerte sich Thomas. „Ich arbeite den ganzen Tag, um etwas zu essen auf den Tisch zu bringen, und das ist der Dank dafür?"

„Nun, um halb sechs war er noch ganz gut", entgegnete Eva. „Man kann einen Braten halt nicht ewig warmhalten. Kannst du nicht wenigstens anrufen, wenn du spät dran bist?"

Thomas gab eine ärgerliche Antwort, und wieder war ein Streit im Gange. Am Ende kippte Thomas den Rest seines Essens auf den Fußboden und nannte Eva eine Schlampe. Eva hatte Angst, er würde sie schlagen. Als sie die Küche verlassen wollte, um sich zu beruhigen, weigerte er sich, ihr die Autoschlüssel zu geben. Dann stellte er sich in die Tür und ließ sie nicht hinaus. Sie reagierte mit gemeinen Beschimpfungen, die sie unter anderen Umständen nie gebraucht hätte.

Schließlich schlief Thomas in seinem Sessel ein. Eva weinte, während sie sein Essen vom Boden aufwischte. Später stand sie am Fenster und starrte zu dem Haus auf der anderen Straßenseite hinüber, das immer so friedlich aussah. Von da drüben hatte sie nie eine laute Stimme gehört. „Warum können wir nicht so glücklich sein wie Max und Barbara?" fragte sie sich. „Warum können wir nicht wie normale Leute leben?"

Dann setzten Schuldgefühle und Selbstzweifel ein. „Was mache ich bloß falsch, daß mein Mann sich immer betrinkt, bevor er nach Hause kommt? Wenn ich eine bessere Ehefrau wäre, käme er dann nicht nüchtern nach Hause?"

Obwohl Evas Schuldgefühle unangebracht sind, hat Eva mit diesen Überlegungen schon den ersten Schritt in ein besseres Leben getan: Sie gibt zu, daß es in ihrer Familie Probleme gibt. Die Situation ist dermaßen außer Kontrolle geraten, daß sie sich nichts mehr vormachen kann. Sie kann sich nicht mehr einreden: „Das ist doch ganz normal, jeder hat schon mal einen Streit oder einen schlechten Tag." Es ist ein großer Schritt nach vorn, wenn man sich eingesteht, daß es ein schwerwiegendes Problem gibt.

# In unserer Gesellschaft gehört Alkohol dazu

Kommt Ihnen Evas Geschichte bekannt vor? Fühlen Sie sich an Ihre eigene Familie erinnert, an die eines Freundes oder Verwandten? Der Alkoholmißbrauch berührt praktisch jeden in unserer Gesellschaft.

Alkohol gab es schon zu biblischen Zeiten. In 1. Mose 9, 20-27 erfahren wir, daß Noah sich betrank und sich deswegen von einem seiner Söhne entfremdete.

Es gibt kaum ein Land, das nicht mehr oder minder große Probleme mit dem Alkohol kennt. Mit dem Verbrauch von 12,1 Liter reinem Alkohol jährlich pro Kopf der Bevölkerung liegt Deutschland weltweit an der Spitze, gefolgt von Frankreich (11,9), Portugal (11,6) und der Schweiz (10,7) (USA: 7,0). Die Zahl der Alkoholabhängigen wird in Deutschland mit 2,5 Millionen angegeben (Schweiz: 150 000), davon sind etwa 800 000 Frauen und 250 000 Jugendliche. Wie Umfragen ergeben, nehmen etwa 90 Pozent aller Erwachsenen in Deutschland Alkohol zu sich (Schweiz: 83 Prozent geben an, im zurückliegenden Jahr Alkohol getrunken zu haben). Von diesen Millionen von „Geselligkeitstrinkern" werden etwa fünf Prozent zu abhängigen Trinkern – zu Alkoholkranken.

Das bedeutet, daß Alkoholmißbrauch in unserer Gesellschaft weit verbreitet ist. Dies ist einer der Gründe dafür, daß ein Alkoholabhängiger ziemlich lange sein Verhalten als „normal" hinstellen kann.

Es ist leicht zu verstehen, warum so viele Alkohol trinken. Trinken ist eben eine weitverbreitete gesellschaftliche Sitte. Für manche Gastgeber ist Alkohol ein Symbol ihrer Gastfreundschaft, etwas, das sie allen Gästen anbieten, genau wie Kaffee oder einen Platz, um den Mantel aufzuhängen. Viele mögen den Geschmack alkoholischer Getränke, andere sehen einen guten Wein oder teure Spirituosen als Statussymbol an. Manche benutzen Alkohol als Schlaf- oder Beruhigungsmittel. Mit Alkohol kann man Sorgen und Probleme betäuben, zumindest für eine Weile. Schließlich gibt es noch Leute, die Alkohol als Schmerzmittel verwenden für alles: von Zahnschmerzen bis zu Rheuma.

Doch die hohe Suchtgefahr bei Alkohol verkehrt alle denkbaren

Vorteile ins Negative. Da er leicht erhältlich und gesellschaftlich anerkannt ist, gleiten immer mehr Menschen in die Sucht ab. Dabei wird bestimmt niemand freiwillig ein Sklave dieser Droge. Jeder, der Alkohol trinkt, sagt sich: „Ich bin vorsichtig und bleibe beim maßvollen Trinken."

Bis jetzt läßt sich jedoch noch nicht vorhersagen, wer die Kontrolle behalten wird und wer nicht. Alkoholkranke gibt es bei Männern und Frauen und in allen sozialen Schichten, bei allen Rassen, Religionen und ethnischen Gruppen. Sie sind denkbar verschieden, obwohl sie sich später, wenn die Krankheit fortschreitet, immer mehr ähneln.

Heute glauben manche Forscher, daß eine Anfälligkeit für die Alkoholkrankheit erblich sein kann. Man versucht, das entsprechende Gen dafür zu finden oder einen Test zu entwickeln, mit dem man bestimmen kann, wer anfällig ist.

Bekannt ist, daß Kinder von Alkoholkranken häufiger selbst alkoholkrank werden als andere. Dies gilt sogar, wenn ein Kind adoptiert wurde und seine leiblichen Eltern nie kennengelernt hat. Weiter ist bekannt, daß bei manchen Nationalitäten und ethnischen Gruppen die Alkoholkrankheit ein größeres Problem ist als bei anderen, wahrscheinlich sowohl wegen kultureller als auch wegen genetischer Faktoren.

Bestimmte gängige Vorurteile lassen uns eine Alkoholkrankheit bei Freunden und Familienmitgliedern oft nicht erkennen. So meinen die meisten, ein Alkoholkranker sei ein unrasierter, verkommener Mann, der auf der Straße lebt und billigen Wein trinkt. (In Wirklichkeit leben nur fünf Prozent der Alkoholkranken auf der Straße.) Oder aber wir stellen uns einen gewalttätigen, völlig unberechenbaren Choleriker vor. Wir denken meist an einen Mann. Und so sind wir meist sehr überrascht, wenn sich eine Frau aus unserem Bekanntenkreis als Alkoholkranke entpuppt, die den ganzen Tag aus ihren Vorräten trinkt, die sie unter der Spüle zwischen den Putzmitteln versteckt hat. Und wir sind genauso überrascht, wenn sich herausstellt, daß ein netter, ordentlicher Familienvater langsam, aber sicher Selbstmord begeht, indem er sein Leben durch übermäßiges Trinken ruiniert.

Die Grenze zur Abhängigkeit kann in jedem Lebensalter überschritten werden, schon während der Kindheit, im Rentenalter oder irgendwann dazwischen. Manche jungen Leute werden bereits nach dem ersten Glas süchtig, andere erst nach Jahren gemäßigten Geselligkeitstrinkens.

Wird die Alkoholkrankheit nicht behandelt, führt sie häufig zum Tod. Zudem verursacht sie so ziemlich alle sozialen Schwierigkeiten, die man sich denken kann. Es ist deshalb seltsam, daß die Unterhaltungsindustrie Trunkenheit so oft als etwas Spaßiges darstellt. Es scheint, als wolle unsere Gesellschaft einfach nicht zur Kenntnis nehmen, daß ihr „harmloser Zeitvertreib" für viele Menschen schwere, zerstörerische Folgen hat.

Außerdem hat nicht nur der Alkoholkranke selbst unter den Folgen der Krankheit zu leiden. Wir alle sind davon zumindest indirekt mitbetroffen, sogar die Leute, die selbst nie einen Schluck trinken. Wer mit einem Alkoholkranken zusammenlebt, wird davon stark beeinträchtigt: Familienangehörige, Verwandte, Arbeitgeber bzw. Arbeitnehmer, Kollegen, Nachbarn, Freunde.

Wahrscheinlich haben auch Sie schon einmal die Folgen des übermäßigen Trinkens eines anderen zu spüren bekommen. Haben Sie vielleicht einen Freund bei einem Unfall verloren, den ein betrunkener Fahrer verursacht hat? Mußten Sie schon einmal für einen Kollegen einspringen, der seinen Kater auskurieren mußte? Haben Sie schon einmal vergeblich auf einen Handwerker gewartet, der nie von seiner Mittagspause zurückkam, oder einem Nachbarskind zu essen gegeben, weil seine Mutter nicht aufstehen konnte? Und bezahlen wir alle nicht viel mehr für unsere Autoversicherung, als wir es müßten, wenn alle Leute nur nüchtern fahren würden? Ja, wir alle leiden mit unter der Krankheit Alkoholismus.

# Kapitel 2:
# Folgeschäden des Alkoholismus

*„Wo ist Weh? Wo ist Leid? Wo ist Zank? Wo ist Klagen? Wo sind Wunden ohne jeden Grund? Wo sind trübe Augen? Wo man lange beim Wein sitzt und kommt, auszusaufen, was eingeschenkt ist"* *(Sprüche 23, 29.30).*

Wer Alkohol mißbraucht, fügt sich selbst und anderen Schaden zu. Worum es dabei im einzelnen geht, sollen die folgenden Ausführungen zeigen.

## Körperliche Schäden

Alkohol betäubt das Zentralnervensystem. Er ist ein Gift: Eine Flasche Whisky, in einer Stunde getrunken, kann das Stammhirn lähmen, was ein Koma oder sogar den Tod zur Folge haben kann. Die Leber kann je nach Person etwa 15 ml reinen Alkohol pro Stunde abbauen, allerdings nicht auf Dauer. Dies entspricht etwa der Menge Alkohol, die eineinhalb Glas Schnaps, Wein oder Bier enthalten. Wenn nun jemand innerhalb einer Stunde mehr als diese Mengen trinkt, zirkuliert der restliche Alkohol so lange in seinem Körper, bis er abgebaut werden kann. Es läßt sich anhand dieser Werte ausrechnen, wie lange jemand unter Alkoholeinfluß steht. Solange, wie der Alkohol mit dem Blut durch den Körper zirkuliert, zieht er jedes Organ des Körpers in Mitleidenschaft.

Die wahrscheinlich bekannteste körperliche Folge übermäßigen Trinkens ist die Leberzirrhose. Hierbei wird als Folge einer schleichenden Vergiftung (die oft zum Tode führt) überschüssiges Bindegewebe aufgebaut. Der „Bierbauch", über den so gerne gewitzelt wird, ist oft ein Zeichen für eine geschwollene Leber und Wasseransammlung im Gewebe. Bauchspeicheldrüsenentzündung,

Nierenkrankheiten, Magengeschwüre und Diabetes können sich durch starkes Trinken verschlimmern. Alkoholkranke haben ein stark erhöhtes Risiko, an Tuberkulose zu erkranken, obwohl man diese eigentlich als eine besiegte Krankheit ansieht. Außerdem hat der Alkoholkranke eine verminderte Widerstandskraft gegenüber Infektionen.

Im Endstadium des Alkoholismus legen viele Trinker keinen Wert mehr auf Essen, oder sie können keine Nahrung mehr bei sich behalten. Die daraus folgende Unterernährung kann so schwere Gehirnschäden verursachen, daß der Betreffende zu einem Dauerpflegefall wird. Dies passierte einem Bekannten von mir, der gerade erst fünfzig Jahre alt war.

Gleichzeitig ist jedoch Alkoholentzug sehr gefährlich für einen Alkoholkranken und sollte deshalb nur unter medizinischer Aufsicht vorgenommen werden. Der Entzug kann zum Delirium tremens führen mit äußerst beängstigenden Halluzinationen, zu Krämpfen oder zum Tod. Bei einem Alkoholkranken mit weniger stark ausgeprägter Abhängigkeit ruft Entzug normalerweise Händezittern sowie starke Schweißausbrüche hervor.

All dies setzt die Lebenserwartung eines Alkoholkranken um mehrere Jahre herab. Dazu kommt noch das Risiko tödlicher Unfälle. Natürlich sind nicht alle betrunkenen Autofahrer alkoholkrank, aber ein Alkoholabhängiger fährt öfter unter Alkoholeinfluß als andere. Aufgrund von Trunkenheitsfahrten sterben in Deutschland ungefähr 2 100 Menschen jährlich, viele tausend andere werden verletzt. Eine schärfere polizeiliche Überwachung hat zu einem Rückgang dieser schrecklichen Statistik beigetragen. Viele Jahre lang schienen Gesetzgeber und Gerichte das Fahren unter Alkoholeinfluß lediglich als Kavaliersdelikt anzusehen, doch diese Einstellung hat sich inzwischen geändert.

Eine weitere Frage ist noch offen: Was ist mit den Unfalltoten außerhalb des Straßenverkehrs? Man vermutet, daß zahlreiche Haus- und Arbeitsunfälle mit Alkohol zusammenhängen, und niemand weiß, zu wievielen Bränden, Stürzen, Elektrounfällen und so weiter Alkohol beiträgt.

So stürzte zum Beispiel in der Stadt, in der ich lebe, ein Fischer, nachdem er mehrere Bier getrunken hatte, eine Steintreppe hinunter und starb. – Eine Frau, die ich kannte, betrank sich in einer kalten Nacht und ging danach hinaus auf die Gartenschaukel, wo man sie am nächsten Morgen erfroren auffand. – Ein guter Freund, um die fünfzig Jahre alt, starb an einem Sonntagnachmittag zu Hause, weil er viel Alkohol getrunken hatte, davon ohnmächtig geworden und an seinem eigenen Erbrochenen erstickt war.

Experten schätzen, daß bei 35 bis 40 Prozent aller Selbstmorde Alkohol im Spiel ist, und daß bei der Hälfte aller Tötungsdelikte entweder Täter oder Opfer getrunken hatten. Auch bei Kindesmißhandlung und Gewalt in Familien spielt Alkohol eine große Rolle.

## Finanzielle Schwierigkeiten

„Säufer und Schlemmer verarmen, und ein Schläfer muß zerrissene Kleider tragen" (Sprüche 23, 21). Wenn man für Alkoholika mehr Geld ausgibt, als man sich leisten kann, fangen die finanziellen Schwierigkeiten als Folgen des Alkoholmißbrauchs an. Hinzu kann noch kommen, daß der Alkoholkranke seine Arbeit verliert, weil er nicht mehr leistungsfähig genug ist. Alkoholkranke können in finanziellen und in anderen Angelegenheiten meist nicht mehr klar entscheiden, aber sie gestehen es sich kaum ein. Sie verpassen Termine, treffen verkehrte Entscheidungen, spielen den großen Wohltäter bei Bekannten, verleihen Geld, auch wenn sie wissen müßten, daß sie es nie wiederbekommen, oder investieren in unsinnige Projekte. Alkoholkranke, die mit ihren Händen arbeiten – ob sie nun Autos reparieren oder Operationen durchführen –, verlieren Urteilsvermögen und Koordinationsfähigkeit und machen deshalb schwerwiegende Fehler.

## Psychischer und emotionaler Schaden

Alkoholkranke haben meist schreckliche Ängste und Leiden durchzumachen, auch wenn sie heldenhaft versuchen, dies zu verstecken. Der Alkoholkranke versucht dann oft, diese Nöte abzuschieben, meist an die ihm Nahestehenden.

Alkoholismus ist ein emotionaler Teufelskreis. Am Anfang entdeckt jemand vielleicht zufällig, daß der Alkohol bei ihm ein Hochgefühl auslöst. Diese Wirkung läßt jedoch meist schnell nach, und dann ist ein weiteres Glas nötig, um dieses Hochgefühl wiederzuerlangen.

Schließlich entwickelt der Alkoholkranke eine Toleranz gegenüber Alkohol. Das bedeutet, daß er immer größere Mengen trinken muß, um das anfangs so leicht erreichte Hochgefühl zu erleben. Er kann auch immer größere Mengen an Alkohol konsumieren, ohne betrunken zu erscheinen. Doch wenn er nüchtern ist, stürzt seine Stimmung ins Bodenlose. Starke Angst- und Schuldgefühle setzen ein. Um diese schmerzlichen Gefühle abzuwehren, trinkt er dann immer mehr und immer öfter – ein Teufelskreis.

Wenn jemand ständig steigende Mengen an Alkohol konsumieren muß, um sich normal zu fühlen, hat er mit Sicherheit die Grenze zum Alkoholismus bereits überschritten. (In der späteren Phase der Alkoholkrankheit, wenn bereits schwere körperliche Schäden eingetreten sind, sinkt die Toleranz wieder und der Betreffende ist dann schon nach wenigen Gläsern betrunken.) Obwohl der Alkohol für den Alkoholkranken immer wichtiger wird, gibt er nicht zu, daß er ein Trinkproblem hat. Tief in ihrem Innersten wissen Alkoholkranke jedoch, daß dies ein Leben ohne Zukunft ist und daß sie langsam, aber sicher Selbstmord begehen. Sie trinken mehr und mehr Alkohol, um diese Angstgefühle zu ersticken.

Als ob es damit noch nicht genug wäre, treten bei vielen Alkoholkranken immer wieder Erinnerungslücken – „Filmrisse" – auf. Diese chemisch ausgelösten „Blackouts" haben mit den Bewußtseinstrübungen im Rausch allerdings nichts zu tun. Während eines solchen „Blackouts" verhält sich der Trinker ganz normal (oder normal betrunken), erinnert sich jedoch später an nichts. Ein solcher Filmriß kann Minuten, Stunden oder gar Tage dauern.

An diesem Punkt bezahlt der Alkoholkranke bereits einen sehr hohen Preis für das kurze Hochgefühl im Alkoholrausch: Schuldgefühle, Depressionen, Ängstlichkeit, herabgesetztes Selbstwertgefühl, Feindseligkeit, Verteidigungshaltung, Selbstmitleid und die schleichende Angst, weil er spürt, daß sein Leben irgendwie außer Kontrolle geraten ist.

Anstatt sich diesen Wahrheiten zu stellen, verleugnet sie der Alkoholkranke. Er weigert sich zuzugeben, daß er die Kontrolle über sein Trinken verloren hat.

Auf dieser Stufe neigen Alkoholkranke auch dazu, ihren Selbsthaß auf andere zu übertragen. Häufig greifen sie ihnen nahestehende Personen an. Sie behaupten, deren Verfehlungen seien die Ursache für ihr Trinkverhalten. Bei den geringsten Anzeichen von Fehlern, besonders bei Familienmitgliedern, brechen sie in Wut aus. Großzügig übergehen sie eigenes Fehlverhalten. Was auch passiert, es gibt immer jemanden, dem sie die Schuld dafür zuschieben können.


## Geistlicher Schaden

Zu den genannten Problemen kommt hinzu, daß ein Alkoholkranker, egal, was für einen religiösen Hintergrund er hat, unter einer tiefen inneren Leere leidet.

Alkoholkranke, die Gottes Gnade in ihrer Vergangenheit bereits erfahren haben, sind sich schmerzlich bewußt, daß ihre Gemeinschaft mit Gott und den Mitchristen gestört ist. Häufig haben sich christliche Freunde aus früherer Zeit von ihnen zurückgezogen, weil das unberechenbare Verhalten des Alkoholkranken sie abstieß. Der fühlte sich verletzt, verdammte sie als Heuchler und ging schließlich nicht mehr zur Kirche. Wenn nun der Pastor oder sonst jemand helfen will, explodiert der Alkoholkranke oft förmlich – um mit der Wut seine tiefsitzende Angst zu verdecken.

Wer sich auch nur etwas in der Bibel auskennt, der weiß, daß Trunkenheit gegen den Willen Gottes ist. Dieses Wissen führt beim Alkoholkranken zu Schuldgefühlen. Es ist kaum denkbar, zur selben Zeit betrunken und vom Heiligen Geist erfüllt zu sein. Im Epheserbrief 5, 18 wird das bestätigt: „Sauft euch nicht voll Wein, woraus ein unordentliches Wesen folgt, sondern laßt euch vom (heiligen) Geist erfüllen."

Der moralische Verfall des Alkoholkranken verursacht bei ihm weitere Schuldgefühle. Zwar weiß er im Innersten ganz genau, daß er gegen seine eigenen Wertvorstellungen verstößt, aber er verdrängt dieses Wissen lieber, anstatt sich damit auseinanderzusetzen. Und so gerät er immer mehr in Widerspruch zu sich selbst. Kein Wunder, daß er immer unglücklicher wird, auch wenn es nach außen hin so aussieht, als lebe er sorglos und nur auf sein eigenes Vergnügen bedacht dahin.

Auch jemand, der noch nie eine persönliche Beziehung zu Gott hatte, weiß in seinem Inneren oft genau, daß Trunkenheit und das damit zusammenhängende Verhalten falsch sind. Dieses Gefühl kann jemanden davon abhalten, sich Gott zuzuwenden. Hier ist der Böse am Werk, der den Betreffenden langsam und unmerklich davon zu überzeugen versucht, daß er schlecht und wertlos ist und daß Gott ihm weder vergeben kann noch wird. Der Apostel Paulus sagt jedoch, „daß Christus Jesus in die Welt gekommen ist, die Sünder selig zu machen" (1. Timotheus 1, 15). Also ist niemand, absolut niemand jenseits der Gnade Gottes.

Vielleicht hat der Alkoholkranke auch Angst davor, das Trinken aufgeben zu müssen, wenn er eine enge Beziehung mit Gott eingeht. Ja, das stimmt, und das ist für ihn ungeheuer schwer. Aber niemand muß dies allein und ohne Hilfe schaffen. Jesus versichert uns: „Was bei den Menschen unmöglich ist, das ist bei Gott möglich" (Lukas 18,27).

Wer weiterhin seinem Götzen Alkohol dient, hat schwere Konsequenzen dafür zu tragen, möglicherweise bis in die Ewigkeit. Im ersten Brief des Paulus an die Korinther heißt es, daß weder Diebe noch Geizige, Trunkenbolde, Lästerer oder Räuber das Reich Gottes ererben werden (vgl. 1. Korinther 6, 10). Und schon Jahrhunderte vorher wurden folgende weise Verse niedergeschrieben:

„Sieh den Wein nicht an, wie er so rot ist und im Glase so schön steht: Er geht glatt ein, aber danach beißt er wie eine Schlange und sticht wie eine Otter. Da werden deine Augen seltsame Dinge sehen, und dein Herz wird Verkehrtes reden, und du wirst sein wie einer, der auf hoher See sich schlafen legt, und wie einer, der oben im Mastkorb liegt. ‚Sie schlugen mich, aber es tat mir nicht weh; sie prügelten mich, aber ich fühlte es nicht. Wann werde ich aufwachen? Dann will ich's wieder so treiben' " (Sprüche 23, 31-35).

# Kapitel 3:
## Alkoholismus – Sünde oder Krankheit?

*„Der Wein macht Spötter, und starkes Getränk macht wild; wer davon taumelt, wird niemals weise" (Sprüche 20, 1).*

Wer sich mit dem Alkoholismus befaßt, stößt irgendwann auf die Frage, ob Alkoholismus Krankheit oder Sünde ist. Viele Mediziner und auch manche Selbsthilfegruppen würden antworten: „Alkoholismus ist eine Krankheit. Niemand hat sie sich ausgesucht, und die Kranken brauchen unser Mitgefühl und professionelle Behandlung." Im Gegensatz hierzu sagen viele Christen: „Völliger Unsinn! Trunkenheit ist eine Sünde und sonst nichts. Wir sollten das nicht entschuldigen, indem wir diese sogenannte ,Alkoholkrankheit' erfinden!" So unvereinbar diese beiden Positionen erscheinen, schließen sie sich gegenseitig doch nicht aus.

## Trunkenheit ist Sünde

Sowohl Altes als auch Neues Testament bezeichnen Trunkenheit als Sünde. Von Noah und Lot bis zu den Königen von Israel und Juda war Trunkenheit ein Zustand, der Inzest, militärische Niederlagen und anderes Unglück (kurz: moralischen Verfall) herbeiführte.

Auch Jesus verurteilte diejenigen, die sich betranken und ihre Pflichten vernachlässigten (Lukas 12, 42-46). Außerdem steht Trunkenheit oben auf der Liste der Sünden, gegen die sich Paulus und Petrus aussprechen. Den Christen in Galatien schreibt Paulus: „Offenkundig sind die Werke des Fleisches, als da sind: Unzucht, Unreinheit, Ausschweifung, Götzendienst, Zauberei, Feindschaft, Hader, Eifersucht, Zorn, Zank, Zwietracht, Spaltungen, Neid, Saufen, Fressen und dergleichen" (Galater 5, 19-21). An anderen Stellen bezeichnet die Bibel solche Taten als „Werke der Finsternis"

(Römer 13, 12) oder als „wüstes, unordentliches Treiben" (1. Petrus 4,4). Damit ist allerdings nicht nur das Verhalten von Alkoholabhängigen gemeint. Es sind auch diejenigen mit eingeschlossen, die Besäufnisse als Freizeitvergnügen ansehen.

Doch stellt sich nun die Frage: Ist das Verhalten eines süchtigen Trinkers als Sünde zu bezeichnen, obwohl er sich nicht mehr frei entscheiden kann, weil der Kontrollverlust ja zum Alkoholismus dazugehört? Die Möglichkeit der freien Willensentscheidung ist bei Alkoholkranken stark eingeschränkt. Die meisten wissen auch irgendwie, daß sie sich nicht mehr im Griff haben. Normalerweise wissen sie aber auch, daß es Hilfe gibt. Sich gegen dieses Hilfsangebot zu entscheiden, ist auch eine Entscheidung.

## Alkoholismus ist eine Krankheit

In der Bibel wird Trunkenheit als vorsätzlicher Ungehorsam bezeichnet. Im Gegensatz dazu stehen medizinische Definitionen.

Solche eine Definition gibt die American Medical Association: „Alkoholismus ist eine Krankheit, die sich äußert in der (inneren) Beschäftigung mit Alkohol, im Kontrollverlust über dessen Konsum in einem Maße, das normalerweise zur Vergiftung oder chronischem Trinken führt, im fortschreitenden Krankheitsverlauf sowie der Tendenz zu Rückfällen. Alkoholismus geht üblicherweise einher mit körperlichen Schäden und beeinträchtigter emotionaler, beruflicher und/oder sozialer Anpassung als direkte Konsequenz des ständigen und effektiven Mißbrauchs."

„Kontrollverlust" heißt, daß der Alkoholabhängige nicht vorhersagen kann, ob er im Einzelfall mit dem Trinken aufhören kann, wann er will, oder ob er sich trotz der besten Vorsätze betrinken wird.

So geht Dagmar zum Beispiel am Montag mit ihren Arbeitskollegen noch auf ein Glas Bier in eine Gaststätte. Nach ein paar geselligen Stunden fährt sie nach Hause und bereitet das Abendessen vor. Kein Problem. Am Mittwoch trifft sie sich wieder mit ihren Kollegen. Stunden später ist sie völlig betrunken und weiß nicht, wie ihr das passieren konnte. Dagmar ist alkoholkrank.

„Fortschreitender Krankheitsverlauf" bedeutet, daß sich der

Zustand des Betreffenden ohne Behandlung verschlimmert bis zum möglichen Tod. Alkoholismus bessert sich nie und verschwindet auch nie von allein. In meiner Selbsthilfegruppe hörte ich von Leuten, die nach zwanzig oder mehr „trockenen" Jahren, wo sie kein Glas anrührten, rückfällig wurden und sich genau dort wiederfanden, wo sie einmal aufgehört hatten. Die Krankheitssymptome waren so schlimm wie damals. In keinem Fall fingen sie wieder von vorn an, als ob sie noch nie getrunken hätten.

Dies ist der Grund dafür, daß ein Alkoholkranker trotz intensiver Behandlung oder eines emotional gesunden Lebens niemals ein normaler Geselligkeitstrinker werden kann. Vor einigen Jahren behaupteten einige Forscher, ihre Therapie habe es einigen „ehemals Alkoholkranken" ermöglicht, wieder mäßig zu trinken. Spätere Untersuchungen jedoch zeigten, daß die Daten fehlerhaft waren und die meisten Patienten einen Rückfall erlitten hatten.

Der fortschreitende Krankheitsverlauf teilt sich in bestimmte Phasen. Die erste der drei Phasen ist gekennzeichnet durch Trinken zur Konfliktbewältigung sowie von ersten Trunkenheitsfahrten und „Blackouts". Die zweite oder kritische Phase bringt viele Probleme mit sich: Der Alkoholkranke kann den Anforderungen seines Berufes nicht mehr genügen, fehlt häufig am Arbeitsplatz, familiäre und finanzielle Krisen häufen sich. Auch gesundheitliche Probleme treten auf, unter anderem können Impotenz oder Leberschäden die Folge sein. In der letzten Phase hat der Betreffende wahrscheinlich schon bleibende Organschäden erlitten, vielleicht gar Heim und Familie verloren.

Ohne Behandlung endet die Alkoholkrankheit oft tödlich. Beginnt die entsprechende Behandlung bereits in der kritischen Phase, so besteht eine bis zu achtzigprozentige Chance auf durchgreifende Genesung. Selbst wenn eine Behandlung erst in der letzten Krankheitsphase beginnt, bestehen noch Erfolgsaussichten von etwa dreißig Prozent, laut manchen Experten so gut, daß der Betreffende wieder arbeiten und ein normales Leben führen kann.

Viele Alkoholkranke nehmen zusätzlich Schlaf- und Beruhigungsmittel, die sie normalerweise auf Rezept erhalten. Der Alkoholkranke hat über diese Medikamente genauso wenig Kontrolle wie über den Alkohol. Oft wird eine Droge als Ersatz für eine andere benutzt. In solchen Fällen ist eine Rehabilitation erst dann möglich, wenn der Patient bereit ist, auch den Medikamentenmißbrauch aufzugeben. Es ist immer gefährlich, Alkohol und Medikamente zu kombinieren, weil sie sich gegenseitig in ihren Wirkungen verstärken können. Versehentliche tödliche Überdosen können die Folge sein.

## Zum Trinken geboren?

Vor einiger Zeit entdeckte Virginia Davis aus Houston, Texas, daß Alkoholkranke den aufgenommenen Alkohol in ihrem Körper anders verarbeiten als Nicht-Alkoholiker. Beispielsweise reichert der Alkoholkranke in seinem Hirn die hochgradig suchterregende Chemiekalie THIQ (Tetrahydroisochinolin) an. Ein Nicht-Alkoholiker hingegen kann diesen Stoff abbauen und ausscheiden.

Offenbar verursacht dieser Stoff ein dringendes Verlangen nach Alkohol. In Laborversuchen wurde THIQ ins Gehirn von Ratten injiziert. Daraufhin bevorzugten sie Wodka statt Wasser.

Tests an Affen zeigten, daß das THIQ für immer im Gehirn bleibt, wenn es sich einmal dort angereichert hat. Sollte das auch für den menschlichen Organismus zutreffen, dann ist es kein Wunder, daß ein Alkoholkranker zwar jahrzehntelang trocken bleiben kann, aber trotzdem nicht zu maßvollem Alkoholgenuß fähig ist.

Die Substanz THIQ könnte auch ein Grund dafür sein, daß für Kinder von Alkoholkranken das Risiko höher ist, süchtig zu werden, als für andere. Eine schwedische Studie zeigte, daß selbst Kinder von Alkoholkranken, die nach ihrer Geburt von Nicht-Alkoholikerfamilien adoptiert wurden, mit neunmal höherer Wahrscheinlichkeit alkoholkrank werden, als Kinder von Nicht-Alkoholikern.

Wahrscheinlich erben manche Kinder von ihren Eltern die Anlage, THIQ (das suchterregender ist als Morphin) in ihrem Gehirn anzureichern, wenn sie Alkohol trinken. Dies heißt nicht, daß sie als Alkoholkranke geboren werden. Auch sie müssen häufig und viel trinken, um alkoholkrank zu werden. Wenn sie aber trinken, so tragen sie ein stark erhöhtes Risiko, abhängig zu werden, weil die chemischen Prozesse in ihrem Körper anders ablaufen.

Bis heute gibt es keinen Test, mit dem sich eine genetische Veranlagung zum Alkoholismus feststellen läßt. Aber aus naheliegenden Gründen sollte jemand mit alkoholkranken Eltern oder Großeltern sehr vorsichtig sein oder – besser noch – gar nicht trinken.

Aber auch ohne solch eine Anlage kann jemand abhängig werden, besonders nach jahrelangem, starkem Trinken. Selbst ein Quantum, das die meisten noch als normal bezeichnen würden, kann schon gefährlich sein. „Nach durchschnittlich sieben bis zehn Jahren kann jemand, der dreimal pro Woche oder öfter zwei bis drei alkoholische Getränke zu sich nimmt, bereits in Schwierigkeiten geraten", sagt Professor Anderson Spickard vom medizinischen Zentrum der Vanderbilt Universität/USA.

Andere Forschungsergebnisse lassen vermuten, daß auch Allergien oder Blutzuckerprobleme eine Rolle beim Alkoholismus spielen können, auch wenn die Ergebnisse bis heute nicht ganz stimmig sind. Bei den meisten Studien in diesem Zusammenhang waren nur Jungen und Männer einbezogen. Neueren Untersuchungen zufolge gibt es jedoch möglicherweise ebensoviele weibliche wie männliche Alkoholkranke.

## Was sagt die Bibel über Sünde und Krankheit?

Wie sieht die Bibel den Bezug zwischen Sünde und Krankheit? Eindeutige Trennungslinien können nicht gezogen werden. Betrachten wir als erstes drei Heilungswunder Jesu.

Markus 2, 2-12 berichtet von der Heilung eines gelähmten Mannes, der von seinen Freunden zu Jesus gebracht wird. Dieser sagt: „Mein Sohn, deine Sünden sind dir vergeben." Einige Schriftgelehrte kritisierten Jesus, weil nur Gott allein Sünden vergeben könne. Jesus antwortete darauf: „Was ist leichter, zu dem Gelähmten zu sagen: Dir sind deine Sünden vergeben, oder zu sagen: Steh auf, nimm dein Bett und geh umher?"

Jesus vergab dem Mann seine Sünden und heilte ihn von seiner Krankheit. Der Schluß, daß hier Sünde und Krankheit etwas miteinander zu tun hatten, liegt nahe. Das wird auch einige Verse später deutlich, als Jesus sagt: „Die Starken bedürfen keines Arztes, sondern die Kranken. Ich bin gekommen, die Sünder zu rufen und nicht die Gerechten" (Markus 2, 17).

Im Johannesevangelium 5, 1-14 steht die Geschichte von dem Gelähmten am Teich Betesda, den Jesus ebenfalls heilt. Später traf Jesus diesen Mann im Tempel und sagte zu ihm: „Siehe, du bist gesund geworden; sündige hinfort nicht mehr, daß dir nicht etwas Schlimmeres widerfahre" (Johannes 5, 14).

Bevor wir nun den Schluß ziehen, daß jede Krankheit mit Sünde zu tun hat, wollen wir erst noch die Geschichte eines Mannes ansehen, der blind auf die Welt gekommmen war (Johannes 9, 1-12). Als die Jünger diesen Mann sahen, fragten sie Jesus: „Meister, wer hat gesündigt, dieser oder seine Eltern, daß er blind geboren ist?" Jesus antwortete: „Es hat weder dieser gesündigt noch seine Eltern, sondern es sollen die Werke Gottes offenbar werden an ihm." Wir können also festhalten, daß Krankheit zwar einen Bezug zur Sünde haben kann, aber nicht unbedingt haben muß.

Auch das Alte Testament zeigt das. In Psalm 38 klagt David über seine schlechte Gesundheit, die er auf Gottes Zorn über seine Sünde zurückführt. Anders verhält es sich bei Hiob, dessen ganzer Körper mit schmerzhaften Geschwüren bedeckt war. Hier wird ausdrücklich gesagt, daß er nicht gesündigt hatte, sondern daß Satan ihn versuchte, um seinen Glauben zu erproben (Hiob 2, 1-8).

Wenn also in bestimmten Fällen zwischen Krankheit und Sünde eine Verbindung besteht, dürfen wir dann Alkoholismus als eine Krankheit bezeichnen? Ich denke schon. Alkoholismus wirkt sich auf die gesamte Person aus: Körper, Seele und Geist. Die körperliche Abhängigkeit nimmt dem Betreffenden aber auf keinen Fall die Verantwortung für sein Handeln. Er ist also kein armer, kranker Kerl, der sich nicht helfen kann. Er kann zwar den Kontrollverlust nicht überwinden, aber er kann sich entschließen, eine Therapie zu machen.

Daß beim Alkoholismus auch genetische Faktoren mitspielen können, widerspricht zusätzlich der traditionellen Meinung, Alkoholabhängigkeit beruhe allein auf Charakterschwäche. Nehmen wir einmal an, zwei Kollegen trinken zusammen ein Bier. Sie tun damit beide kein Unrecht. Sie verletzen kein Gebot Gottes, da nirgends in der Bibel etwas davon steht, daß man keinen Alkohol trinken darf – nur Trunkenheit wird als Sünde bezeichnet.

Doch einer von diesen beiden hat die genetische Veranlagung, THIQ in seinem Gehirn anzureichern. Er weiß nicht, daß er Gefahr läuft, abhängig zu werden. Er wird zum Alkoholiker, obwohl er sich keinesfalls bewußt ins Verderben stürzt, denn der Kontrollverlust entwickelt sich bei ihm langsam und fast unmerklich, zumal er ihn sich lange Zeit nicht eingesteht – was auch die meisten so tun. Der Alkoholkranke hat zu Anfang die gleichen Entscheidungen getroffen wie sein Kollege. Doch bei ihm hatten sie verheerende Auswirkungen.

Dennoch kann sich der angehende Alkoholkranke jederzeit dazu entschließen, mit dem Trinken aufzuhören. Nicht, wenn er bereits ein paar Gläser getrunken hat, weil hier der Kontrollverlust einsetzt, sondern indem er bereits vor dem ersten Glas „Nein!" sagt. Wenn dieser angehende Alkoholkranke nicht aus eigener Kraft abstinent sein kann, kann er immer noch Hilfe suchen oder sich von Freunden unterstützen lassen. Normalerweise weiß er dies, und normalerweise weiß er auch, daß er mit dem Alkohol Probleme hat! Er hat also keine Entschuldigung dafür, sich noch tiefer fallen zu lassen. Man kann also durchaus Alkoholismus als eine Krankheit bezeichnen und doch gleichzeitig den Betroffenen klarmachen, daß sie zu einem großen Teil selbst für ihre Heilung verantwortlich sind.

Wenn wir über Krankheit reden, denken wir meist an etwas, das uns einfach so trifft, das wir aber nicht beeinflussen können. Oft ist das auch so, oft aber auch nicht. Viele Herzkrankheiten, Bluthochdruck und bestimmte Krebserkrankungen können zumindest teilweise vermieden werden, wenn man auf Nikotin und Alkohol verzichtet, sich gesund ernährt und sich körperlich fit hält.

Bei all diesen Krankheiten gibt es – wie beim Alkoholismus – wahrscheinlich auch genetische Faktoren, die den Ausbruch begünstigen, und darauf hat man keinen Einfluß. Doch wie bei der Alkoholkrankheit kann man sie vielfach vermeiden, auskurieren oder wenigstens unter Kontrolle halten, wenn man Selbstdisziplin übt und seinen Lebensstil ändert.

Einfach ausgedrückt, ist Sünde bei vielen unserer Zivilisationskrankheiten ein mitauslösender Faktor. Zuviel und ungesundes Essen, Bewegungsmangel, die schleichende Vergiftung unseres Körpers durch Nikotin, Alkohol oder andere Gifte, für all diese Dinge sind wir persönlich verantwortlich. Dennoch würden wir einen uns nahestehenden Menschen nicht verurteilen, weil er durch solche Dinge den Ausbruch einer Krankheit begünstigt hat.

Wir würden auch nie behaupten, jemand sei gar nicht krank, weil er die Krankheit selbst verschuldet hat. Zum Beispiel habe ich noch nie jemanden sagen hören: „Lungenkrebs ist keine Krankheit, weil Onkel Jochen durch sein Rauchen selbst daran schuld ist." Bei Alkoholismus hingegen meinen viele, so argumentieren zu dürfen.

Wir können also festhalten, daß Alkoholismus zwar eine Krankheit ist, der Alkoholkranke jedoch für sein Handeln selbst verantwortlich ist, zumindest für seine Entscheidung, weiterzutrinken oder Hilfe anzunehmen. Lassen Sie sich deshalb von niemandem erzählen, daß Ihr alkoholkranker Partner nichts dafür könne, wenn er betrunken ist, weil er ja krank sei. (Wer würde so etwas behaupten, wenn ein Diabetiker sich jeden Tag mit Süßigkeiten vollstopfte?) Lassen Sie sich aber auch nicht davon abhalten, Alkoholismus als eine Krankheit anzusehen, auch wenn einige Ihrer Freunde vielleicht anderer Meinung sind.

Für jeden, der eine engere Beziehung zu einem Alkoholkranken hat, ist es äußerst wichtig, über Ursachen und Folgen des Alkoholismus Bescheid zu wissen. Noch wichtiger aber ist für ihn, daß er sich durch nichts daran hindern läßt, sich von den Auswirkungen des Alkoholismus auf sich selbst abzugrenzen.

Sie allein müssen sich dafür entscheiden, den Weg in ein besseres Leben zu gehen. Vielleicht wird es nicht derselbe Weg sein wie bei anderen. Lassen Sie sich aber auf keinen Fall durch jemand anderen auf Ihrem Weg aufhalten.

*Zum Nachdenken über ...*

... Gesundheit, Sünde und Verantwortlichkeit: Psalm 38 und 1. Korinther 3, 16.17.
... Trunkenheit: Jesaja 5, 11.12; Habakuk 2, 15.16; Römer 13, 12-14.

# Kapitel 4:
# Wer ist alkoholkrank?

*„Wo man nicht mit Vernunft handelt, da ist auch Eifer nichts nütze; und wer hastig läuft, der tritt fehl" (Sprüche 19, 2).*

Woran läßt sich erkennen, ob jemand die Grenze zwischen normalem Geselligkeitstrinken und Alkoholismus überschritten hat? Der Betreffende mag zwar sagen, er habe alles unter Kontrolle, aber ob das stimmt? Zunächst eine kurze Antwort: Wenn Sie sich bereits mit dieser Frage befassen, ist der Betreffende wahrscheinlich schon alkoholkrank.

Als der Alkoholmißbrauch ihres Mannes meine Freundin Julie ans Ende ihrer Kräfte gebracht hatte, ging sie zum ersten Mal zu einem Treffen meiner Selbsthilfegruppe mit. Dort sagte sie: „Ich weiß nicht, ob ich hierhin gehöre. Ich bin nicht sicher, ob mein Mann alkoholabhängig ist."

„Doch, du gehörst hier hin!" sagten mehrere Mitglieder. „Wenn ein anderer dein Leben zerstört, weil er so viel trinkt, dann ist es egal, ob du ihn als alkoholkrank bezeichnest oder nicht. Durch deine Anwesenheit hier sagst du, daß sein Trinken dir Probleme macht und daß du Hilfe brauchst, um damit fertigzuwerden."

Hätte damals jemand Julies Leben objektiv betrachtet, so hätte er die Alkoholprobleme in ihrer Familie gesehen, nicht nur bei ihrem Mann, sondern auch bei ihrem erwachsenen Sohn. Dennoch wollte sie die beiden nicht „Alkoholiker" nennen. Sie liebte sie doch! Da konnte sie sie doch nicht als Alkoholiker abstempeln!

Um eine ausführlichere Antwort auf diese Frage: „Wer ist alkoholkrank?" geben zu können, müssen wir uns noch einmal die Definition von Alkoholismus ansehen. Die medizinische Beschreibung zeigte das vorige Kapitel. Weniger wissenschaftlich ist folgende Erklärung: Wenn jemand trinkt bzw. weitertrinkt, obwohl dies bestimmte Schwierigkeiten – soziale, finanzielle, körperliche, geistige – mit sich bringt, dann hat er ein Alkoholproblem. Der Grundgedanke ist: Wäre der Betreffende nicht körperlich abhängig, dann wären die Schwierigkeiten, die er durch den Alkohol hat, ein Grund, mit dem Trinken aufzuhören. Kurz: Wie wichtig ist dem Betreffenden der Alkohol? Zutreffend heißt es auch: „Wer in Gesellschaft trinken muß, ist kein Geselligkeitstrinker mehr."

Körperliche Symptome sind normalerweise ein weiteres, verläßliches Zeichen für wachsende Alkoholabhängigkeit, insbesondere die steigende Toleranz und die Entzugserscheinungen, wenn nicht getrunken wird.

Eine gestiegene Toleranz erkennt man daran, daß jemand mehr trinken muß als vorher, um betrunken zu sein. Manche Leute erkennen dieses Warnsignal nicht und protzen mit ihrer Trinkfestigkeit. Ein Alkoholiker, der oft wegen seines maßlosen Konsums kritisiert wird, fängt häufig an, heimlich zu trinken.

Entzugserscheinungen müssen nicht gleich Delirium tremens oder Krämpfe sein. Viel häufiger sind zum Beispiel Händezittern, starkes nächtliches Schwitzen, Ängstlichkeit und Reizbarkeit.

Ist die Krankheit schon im fortgeschrittenen Stadium, so treten verschiedene Symptome auch ohne Entzug auf: Übelkeit, Erbrechen, Potenzverlust, der sogenannte Bierbauch, chronisch zitternde Hände und die Tendenz zu älterem Aussehen.

Auch die Persönlichkeit ändert sich mit fortschreitender Krankheit. Häufig sind folgende Erscheinungen:

● Eine zerstörte Beziehung zu Gott, Verlust des Kontaktes zur Gemeinde (wenn vorher Interesse an geistlichen Dingen da war).

● Rationalisierung – es gibt immer einen Grund, um zu trinken.

● Projektion – der Selbsthaß wird an anderen ausgelassen, z. B. mit unangebrachtem Ärger, Bitterkeit, weithergeholten Anschuldigungen.

● Ständige Meinungsänderungen und unberechenbares Verhalten, auch wenn der Betreffende nicht trinkt. Ein Alkoholkranker kann bei bester Laune sein und in der nächsten Sekunde schon rasend wütend – ohne Vorwarnung. Manche scheinen eine völlig andere Persönlichkeit zu sein, wenn sie trinken.

● Blackouts oder Filmrisse: Gedächtnisstörungen, die alles vergessen lassen, was z. B. während eines Rausches passiert ist.

● Verschlechterung des Arbeitsverhaltens: Verspätungen, „Blau-machen", Unproduktivität, schlechtes Urteilsvermögen. Dennoch ist die Arbeitsstelle oft das letzte, das der Alkoholkranke verliert. Die Familie ist häufig schon lange vorher zerbrochen.

## Zwanzig Fragen zur Alkoholabhängigkeit

Die untenstehende Liste mit Fragen wird von vielen Sucht-Beratern benutzt. Wer drei oder mehr Fragen mit „ja" beantwortet, ist wahrscheinlich alkoholkrank. Sogar eine oder zwei positive Antworten deuten auf Schwierigkeiten hin. Beantworten Sie die Fragen für den Betreffenden so, als sei er vollkommen ehrlich.

1. Können Sie manchmal nicht zur Arbeit gehen, weil Sie getrunken haben?
2. Macht das Trinken Sie unglücklich?
3. Trinken Sie, weil Sie schüchtern sind?
4. Hat das Trinken Auswirkungen auf Ihr Ansehen?
5. Tut es Ihnen manchmal leid, daß Sie getrunken haben?
6. Gerieten Sie durch das Trinken in finanzielle Schwierigkeiten?
7. Trinken Sie mit Leuten unter Ihrem geistigen Niveau?
8. Macht das Trinken Sie gleichgültig gegenüber dem Wohlergehen Ihrer Familie?
9. Sind Sie weniger ehrgeizig, seitdem Sie trinken?
10. Müssen Sie zu einer bestimmten Zeit am Tag Alkohol trinken?
11. Trinken Sie am Morgen?
12. Haben Sie durch das Trinken Schlafprobleme?
13. Sind Sie weniger leistungsfähig, seitdem Sie trinken?
14. Gefährdet das Trinken Ihren Arbeitsplatz?
15. Trinken Sie, um Sorgen und Probleme zu vergessen?
16. Trinken Sie allein?
17. Hatten Sie schon einmal einen „Filmriß", nachdem Sie zuviel getrunken hatten?
18. Waren Sie wegen des Trinkens schon in ärztlicher Behandlung?
19. Trinken Sie, um Ihr Selbstvertrauen zu stärken?
20. Sind Sie wegen des Trinkens schon einmal in einem Krankenhaus oder einer Klinik gewesen?

Ein Alkoholabhängiger mag versuchen zu beweisen, daß er nicht alkoholkrank ist, indem er für eine bestimmte Zeit abstinent lebt. Aber dies beweist gar nichts, die meisten Alkoholkranken können das. Wenn Ihr Partner sich auf diese Art testen will, stellen Sie ihm eine wirkliche Herausforderung: Wenn er es schafft, mehrere Monate lang nur zwei alkoholische Getränke pro Tag zu sich zu nehmen, ist er wahrscheinlich nicht alkoholkrank. Normalerweise kann ein Alkoholkranker nach zwei oder drei Bier sein Trinkverhalten nicht mehr kontrollieren und trinkt weiter.

Doch wahrscheinlich wird der Alkoholkranke in Ihrer Familie diesem Test nicht zustimmen, allein schon, weil Sie ihn dazu auffordern. Sollte er doch zustimmen, werden Sie wahrscheinlich nie das Ergebnis erfahren.

## Ein Test für Sie selbst

Hier sind noch einmal zwanzig Fragen, doch diesmal sollen Sie sie für sich selbst beantworten. Wenn Sie drei oder mehr dieser Fragen mit ja beantworten, wird Ihr Leben bereits sehr stark durch das Trinken Ihres Partners beeinträchtigt. Dann ist es für Sie an der Zeit, Hilfe für sich in Anspruch zu nehmen.

1. Machen Sie sich oft Sorgen über das Trinkverhalten Ihres Partners?
2. Schlafen Sie manchmal nicht, weil Sie darauf warten, daß Ihr Partner nach Hause kommt?
3. Haben Sie Gesundheitsprobleme, die durch den seelischen Streß verursacht werden?
4. Besteht bei Ihnen zu Hause das ungeschriebene Gesetz, daß der Partner alles tun und lassen kann, was er will, und daß Ihre Bedürfnisse und Wünsche nicht wichtig sind?
5. Denken Sie manchmal, Sie seien für das Trinken verantwortlich?
6. Nörgelt einer am anderen herum? Beschuldigen Sie sich gegenseitig oder streiten Sie sich wegen des Trinkens?
7. Ist dem Partner das, was Sie tun, nie gut genug?
8. Ist Ihr Lebensstandard wegen des Trinkens oder der daraus folgenden finanziellen Problemen gesunken?

9. Haben Sie alte Bekannte und Freunde verloren und verkehren Sie jetzt nur noch mit solchen, die stark trinken, und deren Familien?
10. Sind Sie schon wegen einer durch Alkohol verursachten Krise nicht zur Arbeit gegangen oder die Kinder nicht zur Schule?
11. Vermeiden Sie und die Kinder es, Freunde nach Hause einzuladen, weil Sie nicht durch den trinkenden Partner in Verlegenheit gebracht werden wollen?
12. Halten Sie Ihr Zuhause nicht mehr so gut in Ordnung ?
13. Müssen Sie sich vom Partner gelegentlich Beschimpfungen, unfaire Anschuldigungen oder unbegründete Wutausbrüche gefallen lassen?
14. Sind Sie vom Partner schon einmal körperlich mißhandelt worden? Hat er Sie schon mit Drohungen eingeschüchtert?
15. Haben Sie Verantwortung für die Aufgaben des Partners übernommen?
16. Können Sie sich vorstellen, mit der ganzen Familie zusammen einen schönen Urlaub zu erleben?
17. Hängt die gesamte Stimmung im Haus vom trinkenden Partner ab?
18. Meinen Sie, Ihr Partner könne nicht ohne Sie auskommen?
19. Glauben Sie, daß Ihr Leben ohne ihn ganz anders aussähe?
20. Fragen Sie sich, wie es andere schaffen, normal zu leben?

## Dürfen wir „Alkoholiker" sagen?

Haben Sie sich nun eine Meinung darüber bilden können, ob Ihr Partner alkoholkrank ist oder nicht? Auch wenn es nur so zu sein scheint, ist es wahrscheinlich der Fall. Sich dieser schmerzlichen Wahrheit zu stellen, erfordert viel Mut und Ehrlichkeit. Es ist einfacher, alles zu verleugnen. Aber fühlen Sie sich bitte nun nicht schuldig. Schließlich haben Sie die Situation nicht verursacht, Sie haben sich nur eingestanden, daß es in Ihrer Familie ein bestimmtes Problem gibt.

Als nächstes stellt sich die Frage, ob Sie dem Trinker sagen sollten, daß Sie ihn für einen Alkoholiker halten, und ob Sie diese

Bezeichnung auch verwenden sollten, wenn Sie mit anderen über das Problem sprechen.

Manche Leute vermeiden das Wort „Alkoholiker", weil zuviel Negatives damit verbunden wird. Sie bevorzugen Bezeichnungen wie „Alkoholkranker" oder „Problemtrinker".

Dennoch werde ich in diesem Buch neben anderen die Bezeichnung „Alkoholiker" verwenden, aus dem einfachen Grund, weil sie von der Mehrheit der Leser anerkannt und verstanden wird. Im Gegensatz zu anderen denke ich, daß es keine Verurteilung ist, jemanden als Alkoholiker zu bezeichnen. Ich nenne bloß die Dinge beim Namen, ohne damit jemanden beschuldigen zu wollen. Ich klage auch niemanden an, denn ich bin davon überzeugt, daß Alkoholismus eine Krankheit ist und daß diese Krankheit möglicherweise auch durch genetische Faktoren mit ausgelöst werden kann.

Noch einmal möchte ich allerdings betonen, daß dies das Fehlverhalten eines Alkoholkranken nicht entschuldigt. Ebensowenig sind Sie im Unrecht, wenn Sie über dieses Fehlverhalten ärgerlich werden oder wenn Sie unannehmbare Lebensumstände nicht mehr aushalten wollen. Fehlverhalten ist nicht dasselbe wie Alkoholismus, und Sie verurteilen niemanden, wenn Sie die Dinge beim Namen nennen.

Vielleicht ist es jedoch irgendwann an der Zeit, Ihrem Partner zu sagen, daß Sie ihn für alkoholkrank halten. Sie wollen ihn damit darauf aufmerksam machen, wie schwer sein Problem ist. Doch was Sie auch sagen, sagen Sie es in Liebe und nicht aus Ärger oder Wut. Es ist wichtig, daß Sie den Ernst der Lage erkennen und daß Sie sich dazu entschließen, Änderungen vorzunehmen, die Ihr Leben erträglicher machen. Es ist wichtig, daß Sie alles nur Mögliche für sich und Ihr Wohlergehen tun. Paradoxerweise hilft alles, was Ihnen hilft, auch dem Alkoholkranken. Manche Fachleute sagen, daß ein Alkoholiker eine um 80 Prozent höhere Chance auf Rehabilitation hat, wenn sich sein Partner dazu entschließt, Hilfe in Anspruch zu nehmen.

# Kapitel 5:
## Beginnen Sie ein neues Leben

*„Ich nehme Himmel und Erde heute über euch zu Zeugen: Ich habe euch Leben und Tod, Segen und Fluch vorgelegt, damit du das Leben erwählst und am Leben bleibst, du und deine Nachkommen, indem ihr den Herrn, euren Gott, liebt und seiner Stimme gehorcht und ihm anhanget"* (5. Mose 30, 19.20).

Haben die düsteren Zukunftsaussichten für den Alkoholkranken und Ihre Familie Sie aufgeschreckt? Hatten Sie gehofft, in diesem Buch eine Antwort auf die Frage zu finden, was Sie tun können, damit er aufhört zu trinken? Bitte seien Sie nicht enttäuscht, wenn ich Ihnen antworte: Sie können den Alkoholkranken nicht vom Trinken abbringen.

Wahrscheinlich haben Sie schon selbst erfahren müssen, daß alle Ihre Bemühungen nutzlos waren. Welche der folgenden Möglichkeiten haben Sie schon ausprobiert?

- Sämtlichen Alkohol im Haus wegschütten
- bitten, betteln, beschimpfen, beschweren
- vernünftig darüber reden
- feste Abmachungen treffen
- Freunde oder Verwandte bitten, keinen Alkohol anzubieten
- drohen, ihn zu verlassen
- zu seiner Kneipe gehen oder dort anrufen, um ihn zu überreden, nach Hause zu kommen
- die Flaschen markieren, um prüfen zu können, wieviel er trinkt
- nach versteckten Vorräten suchen
- ihn mit Geld kurz halten
- sich selbst betrinken, um ihm zu zeigen, „wie das ist"

Hat eine dieser Methoden genutzt? Für wie lange? Und wenn sich etwas geändert hat, war es den ganzen Aufwand wert?

Es gibt nur eine „direkte" Methode, die etwas bringt: das Gebet.

Wenn Sie Gott die Situation übergeben, wird er Sie führen und Ihnen die richtigen Entscheidungen zeigen. Es gibt zwar einiges, was man ändern kann, aber man kann nur einen einzigen Menschen ändern: sich selbst.

Sie mögen sagen: „Aber ich bin nicht diejenige, die sich ändern muß!"

Auch ich habe früher so gedacht. Und deshalb möchte ich Sie bitten, diese Einstellung noch einmal zu überdenken. Haben nicht auch Sie manchmal Dinge gesagt und getan, die nicht richtig waren, als Reaktion auf den ganzen Wahnsinn um Sie herum? Gab es nicht auch positive Dinge, die Sie hätten tun können, wenn Sie sich nicht so gelähmt und hilflos gefühlt hätten? Haben sich durch Ihr Zusammenleben mit dem Alkoholabhängigen nicht auch Ihr Verhalten und Ihre Persönlichkeit tiefgreifend verändert?

Co-Alkoholiker oder Co-Abhängiger sind die Bezeichnungen für jemanden, bei dem das der Fall ist. Wir mögen diese Bezeichnungen nicht, genausowenig wie ein Alkoholiker es mag, als ein solcher bezeichnet zu werden. Aber auch diese Begriffe verurteilen niemanden. Wahrscheinlich müssen Menschen, die gezwungen sind, mit einem Alkoholkranken zusammenzuleben, sich ändern und sich anpassen, um überleben zu können. Aus diesem Grund nennt man Alkoholismus auch „die Familienkrankheit". Es ist ähnlich wie bei einem Tanz: Der eine Partner macht eine Bewegung, und der andere folgt ihm mit einer entsprechenden Bewegung. Dann macht der eine Partner den nächsten Schritt, und wieder folgt ihm der andere. Wenn dieser nun aber sein Verhalten ändert und dem Partner nicht mehr folgt, muß auch der sein Verhalten ändern.

## Sich ändern – aber wie?

Wenn Sie Ihr Leben ändern wollen, müssen Sie aufhören, sich mit Ihrem ganzen Fühlen und Handeln um den Alkoholabhängigen zu drehen. Da Sie ihn sowieso nicht kontrollieren können, sollten Sie sich darauf konzentrieren, Ihr eigenes Leben neu in die Hand zu nehmen und für Ihr Handeln, Ihre Entscheidungen und Ihr Glück selbst die Verantwortung zu übernehmen.

Es ist wichtig, daß Sie lernen, wieder normal zu leben, unabhängig davon, ob der Alkoholabhängige aufhört zu trinken oder nicht. Vielleicht denken Sie, das sei nicht möglich, aber es geht tatsächlich. Und wenn Sie Ihr Leben zum Guten verändern, hat das auch auf den Alkoholkranken einen positiven Einfluß.

Um das zu erreichen, müssen Sie Ihr Handeln, Denken und Fühlen und viele grundlegende Einstellungen ändern. Dies erfordert viel Zeit und Geduld. Doch Sie brauchen nicht als erstes Ihre Einstellungen zu ändern. Sie können, indem Sie Ihr Verhalten ändern, neue Einstellungen entwickeln. Und Sie können gleich jetzt damit anfangen. Die negativen Kräfte – Verleugnung, Zwangsvorstellungen, Furcht, Schuldgefühle und so weiter – mögen Ihnen wie unbesiegbare Riesen erscheinen. Aber Sie können sicher sein: Wenn Sie sich ihnen stellen, werden Sie merken, daß die „Riesen" gar nicht so groß und furchterregend sind, wie Sie dachten. Und: Gott wird Ihnen helfen, sie zu besiegen!

Verschwenden Sie vor allem keine Zeit damit, sich vorzuwerfen, daß Sie Ihr Leben so sehr an dem des Alkoholkranken ausgerichtet haben. Hätten Sie gewußt, wie sich das vermeiden läßt, sicher hätten Sie es getan. Denken Sie daran, Sie sind klug und Sie sind stark – deshalb ist der Alkoholkranke auch so sehr auf Sie angewiesen! Darum fangen Sie schon heute an, Ihr Leben zu verändern und für sich selbst zu leben. Nur Sie können entscheiden, wie Sie das wollen, denn Sie und Ihre Situation sind einzigartig. In den nachfolgenden Kapiteln dieses Buches werden Sie einige Grundsätze kennenlernen und Beispiele finden, die Ihnen helfen können, sich zu verändern.

## Sich ändern – warum?

Vielleicht fragen Sie noch immer: „Warum ich? Er hat Probleme, nicht ich!" Doch für Ihre Änderung gibt es gute Gründe:

*1. Ändern Sie sich um Ihrer selbst willen*

Selbst wenn der Alkoholabhängige sich nie ändern sollte, ist es unsinnig, wenn dadurch auch Ihr Leben zerstört wird. Ihre Erfahrungen aus Ihrem Zusammenleben mit dem Alkoholiker werden Sie weiser und geistlich reifer machen, aber nur, wenn Sie bereit sind, daraus zu lernen und zu wachsen. Zwar gibt es Leute, die in ihrem Elend schwelgen, bis ihre Probleme sie zerstören. Aber Sie möchten doch sicherlich nicht dazugehören, oder?

*2. Ändern Sie sich um der Zukunft Ihrer Kinder willen*

Jesus macht in einem Gleichnis deutlich, man solle sein Haus auf festen Grund bauen und nicht auf Sand (Lukas 6,46-49). Die gefühlsmäßige Abhängigkeit voneinander, die in einer Alkoholikerfamilie stark ausgeprägt ist, wird Ihren Kindern in deren späterem Leben viele Probleme bereiten. Auch deren Familien werden dadurch Schwierigkeiten im Zusammenleben haben. Möglicherweise werden sie sogar einen Alkoholkranken heiraten. Wenn Sie jedoch einen besseren Lebensstil einüben, werden Ihre Kinder an Ihrem Beispiel lernen. Selbst wenn sie schon herangewachsen sind, ist Ihr Einfluß auf sie immer noch stärker, als Sie denken.

*3. Ändern Sie sich, um vorbildhaft leben zu können*

„Ihr seid das Licht der Welt. Es kann die Stadt, die auf einem Berg liegt, nicht verborgen sein. Man zündet auch nicht ein Licht an und setzt es unter einen Scheffel, sondern auf einen Leuchter; so leuchtet es allen, die im Hause sind. So laßt euer Licht leuchten vor den Leuten, damit sie eure guten Werke sehen und euren Vater im Himmel preisen" (Matthäus 5, 14-16). Vielleicht sind Sie im Moment die einzige in der Familie, die genug Glaube und Perspektive hat, um sich selbst zu verändern. Wenn die anderen sehen, daß Sie mit Ihrer neuen Art zu denken und zu handeln ausgeglichener und glücklicher sind, werden sie vielleicht Ihrem Beispiel folgen.

# Elisabeth

Elisabeth war eine intelligente, junge Hausfrau. Dennoch war ihre Wohnung ständig unaufgeräumt. Sie konnte es ihrem alkoholkranken Mann nie recht machen, dauernd kritisierte er sie und beschwerte sich. So hatte sie im Laufe der Jahre fast ihr ganzes Selbstwertgefühl verloren. Genauer gesagt hatte Max, ihr Mann, sie schon fast davon überzeugt, daß sie die „Verrückte" war, nicht er. Sie wandte viel Zeit und Kraft auf, auf ihn und seine Wünsche einzugehen.

Elisabeth war inzwischen davon überzeugt, daß sie kein normaler Mensch war, der es verdiente, ein normales Leben zu führen. Und sie schämte sich auch noch dafür, daß sie sich so fühlte. Dabei war sie früher eine zuversichtliche, selbstbewußte junge Frau gewesen. Irgendwann wurde ihr jedoch klar, daß sie so nicht weiterleben konnte – daß sie ein normaler Mensch sein konnte, wenn sie sich wie einer verhielt. Um damit anzufangen, das wußte sie, brauchte sie sich nicht einmal normal zu fühlen. Wenn man sein Verhalten ändert, verändern sich die Gefühle meist auch bald.

Elisabeth nahm sich vor, als erstes die Sache mit dem Abendessen zu ändern. Seit Max immer später nach Hause kam, gab es beim Abendessen ständig Streit, den er meistens provozierte. Elisabeth hatte immer Angst davor, und deshalb hatte sie eingeführt, daß erst spät am Abend gegessen wurde – auch wenn das für ihre hungrigen Kinder ziemlich hart war. Doch wenn Max dann ausnahmsweise einmal direkt von der Arbeit nach Hause kam, war er wütend, weil noch kein Essen auf dem Tisch stand.

Eines Tages sagte sie ihrem Mann und den Kindern, daß es von nun an um halb sechs Abendbrot gebe, egal, ob jemand fehle oder nicht. Nach ein paar Wochen hatte sich das bewährt und war viel leichter so für sie und die Kinder. Das meiste konnte man sowieso einfach wieder aufwärmen, falls jemand später kam.

Diese Veränderung war so gut, daß sich Elisabeth einen Monat später entschloß, noch einen Schritt weiterzugehen. Bis dahin hatte sie für Max das Essen immer aufgewärmt und ihn bedient, wenn er später nach Hause kam. Irgendwie hatte sie das Gefühl, noch nicht mit ihrer Arbeit fertig zu sein, bis er gegessen hatte, auch wenn es schon nach Mitternacht war.

Eines Morgens, als Max nüchtern war, sagte sie ihm: „Ich bin spät abends viel zu müde, um noch in der Küche herumzustehen, dein Essen aufzuwärmen und es dir zu bringen. Wenn die Kinder und ich fertig sind, werden wir dir in Zukunft das Essen in der Küche stehenlassen. Wenn du hungrig bist, kannst du dich selbst bedienen." Sie hat so ihre eigenen Bedürfnisse ausgedrückt, ihm keine Predigt gehalten, ihn auch nicht beschuldigt noch ihn um Erlaubnis gebeten.

Zu ihrer Überraschung war Max einverstanden. Und bald fühlte sie sich viel besser, fast wieder wie früher, als sie noch selbstbewußt war. Manchmal fühlte sie sich nicht wohl dabei, wenn Max abends sein Essen aufwärmte, und sie mußte sich zwingen, nicht in die Küche zu gehen. Aber sie wußte, daß er so spät kam, weil er trank, und sie tat ihm keinen Gefallen, wenn sie sein Fehlverhalten auch noch unterstützte.

Eines Nachts wollte er sie dann auf die Probe stellen und sagte: „Würde es dir etwas ausmachen, mir das Essen zu machen?"

Es war bereits sehr spät, und sie wollte gerade zu Bett gehen. „Ja, es macht mir etwas aus", antwortete sie. Daraufhin ging er in die Küche und grummelte etwas wie: „Welche Frau würde ihrem Mann einen solch einfachen Wunsch abschlagen? Es ist schließlich deine Pflicht, für mich zu sorgen." Aber er konnte ihr keine Schuldgefühle einreden, sie fühlte sich vollkommen im Recht. Sie wußte, daß ihn sowieso nichts davon abhalten konnte, sich zu beschweren, wenn er gerade dazu in Laune war.

Durch ihre Weigerung hatte Elisabeth ihrem Mann die Möglichkeit gegeben, sich erwachsener und verantwortlicher zu verhalten. Sie hatte ihn einen kleinen Teil der Folgen seines Trinkens selbst tragen lassen. Sie hatte weniger für ihn getan und ihm damit etwas Gutes erwiesen.

Das neue Verhalten war auch für sie selber gut. Da sie nun abends mehr Zeit hatte, konnte sie wieder zu nähen anfangen, ihr altes Hobby. Sie war zufriedener, und deshalb stritt sie sich auch seltener mit Max. Mit ihren neuen Grundsätzen zeigte sie Max viel mehr Liebe als vorher. Indem sie für sich selbst und ihre Bedürfnisse sorgte, half sie ihm, sich seinem Trinkproblem zu stellen.

Jetzt, wo Sie Elisabeths Geschichte kennen, sollten Sie darüber nachdenken, was Sie als erstes verändern wollen. Tun Sie sich noch heute etwas Gutes. Nehmen Sie einmal sich selbst wichtig und nicht nur den Alkoholkranken! Wenn Sie auch nur an einem Punkt aufhören, den Alkoholiker zu umsorgen, werden Sie merken, daß Sie nicht mehr so oft wütend werden und sich selbst weniger bemitleiden. Und wenn Sie etwas für Ihre eigene Zufriedenheit tun, dann tut das auch Ihrer Familie gut.

## Veränderungen, die nichts nützen

Veränderungen der äußeren Lebensumstände haben allerdings nicht die geringste Auswirkung auf den Alkoholismus! Es hilft dem Alkoholkranken nicht, wenn Sie aufs Land ziehen, wenn er seinen Arbeitsplatz wechselt, wenn Sie ein Kind bekommen, wenn die Kinder bei jemand anderem leben, wenn er manche Freunde meidet, wenn Sie in eine andere Stadt ziehen und so weiter. Zwar mag der Alkoholkranke das Gegenteil behaupten, aber am Ende ist der Effekt gleich null.

Auch wenn einige dieser Veränderungen aus dem einen oder anderen Grund ganz nützlich sein können, haben sie keinen Einfluß auf die Krankheit als solche. Ein Alkoholkranker mißbraucht die Droge ja auch nicht, weil ihn die Umstände dazu zwingen. Seine Gründe sind tief in ihm verborgen und werden auch weiterbestehen, wenn Sie woanders hinziehen.

Wohin Sie auch gehen, überall gibt es Alkohol. Und man wird auch jene Zeitgenossen nicht los, die einen schlechten Einfluß auf den Alkoholkranken haben. Auch Alkoholabhängige gibt es überall, und ihr Partner wird weiterhin mit ihnen zusammensein wollen.

Außerdem ist es wichtig für Sie, daß Sie sich nicht von denen trennen, die Sie unterstützen und Ihnen helfen. Das passiert jedoch, wenn Sie umziehen oder sich nicht mehr mit Ihren Freunden treffen. Wenn Sie sich isolieren, hilft das weder Ihnen, noch dem Alkoholkranken.

Die oben genannten Veränderungen sind im Grunde nur ein Versuch, vor dem Problem wegzulaufen, anstatt sich damit auseinanderzusetzen. Verschwenden Sie damit nicht Ihre Zeit und Kraft. Das wird Sie letztlich nur entmutigen, weil es nichts bewirkt. Verändern Sie statt dessen Ihre Beziehung zu Ihrem Partner, dann wird sich auch Ihr Leben verändern.

## Widerstände, mit denen Sie rechnen müssen

Sie sollten sich bewußt sein, daß Sie einen geistigen und geistlichen Kampf führen. Ihre Feinde sind stark: eine Krankheit, die Ihr Familienleben im Griff hat, und Satan, der will, daß dies auch so bleibt. Aber Sie haben einen Beistand auf Ihrer Seite, der noch viel mächtiger ist: „Der in euch ist, ist größer als der, der in der Welt ist" (1. Johannes 4,4). Gott selbst versichert Ihnen, daß er Ihnen helfen will. Dazu kommt noch, daß Sie in dieser Situation viel mehr Möglichkeiten haben, als Sie denken. Der Alkoholkranke braucht Sie nämlich tatsächlich, wenn auch anders, als er meint. Denn wenn Sie Ihr Verhalten ändern, können Sie ihm helfen, wieder gesund zu werden. Und das ist letztlich das, was der Alkoholkranke selbst im Innersten wünscht. Er wäre froh, wenn er aus dem Gefängnis seiner Sucht entkommen könnte. Wenn vor dem Alkoholismus ein anständiger Mensch in ihm steckte, ist er noch immer da! Also sind Sie drei Verbündete: Gott, Sie und die bessere Seite Ihres Mannes.

Dennoch sollten Sie nie vergessen, daß alles, was Sie unternehmen, um das Fortschreiten der Krankheit zu bremsen, bei der süchtigen Seite Ihres Partners auf Widerstand stoßen wird. Er wird viele Tricks probieren, um Sie wieder in Ihre alten Verhaltensweisen zurückzudrängen:

● Mit großem Ärger auf Ihre kleinen Veränderungen reagieren.
● Ihr Selbstwertgefühl angreifen, indem er Dinge sagt, die Ihnen wehtun. Er kennt Sie so gut, daß er genau weiß, wie er Sie verletzen kann. Wenn Sie das durchschauen, tut es vielleicht nicht mehr so weh.
● Sie bestrafen, indem er sich öfter betrinkt oder zu ganz bestimmten Zeiten, zum Beispiel dann, wenn Sie zu Ihrer Selbsthilfegruppe gehen wollen.

- Arrogant werden und Ihnen sagen, daß er auch ohne Sie bzw. mit jemand anderem leben kann.
- Bewußt etwas tun, was Sie nicht leiden können.
- Sich heuchlerisch für Ihre Probleme oder Ihre Krankheit interessieren, um anzudeuten, daß Sie Hilfe brauchen, nicht er.
- Aufhören zu trinken.

Aufhören zu trinken? „Na, großartig", werden Sie sagen, „jetzt wird alles wieder gut." Doch das ist unwahrscheinlich, zumindest wenn er aufhört, ohne ein Rehabilitationsprogramm mitzumachen. Seine Nüchternheit wird dann wahrscheinlich nicht lange andauern. Er will damit nur erreichen, daß Sie endlich aufhören, Veränderungen vorzunehmen. Doch egal, was passiert – unternehmen Sie weitere positive Schritte. Selbst wenn er wirklich nie wieder trinken sollte, müssen Sie beide doch Ihre Beziehung zueinander und Ihr geistliches Leben in Ordnung bringen. Sich darüber zu freuen, daß die Trinkerei endlich aufgehört hat, ist in Ordnung. Aber schließen Sie keinen „Handel" ab, bei dem Sie Ihre neu gewonnene Haltung aufgeben müssen. Wenn der Alkoholkranke aufrichtig ist, will er letztlich auch, daß Sie tun, was zu Ihrem Besten dient.

Wichtig ist, daß Sie geduldig sind und sich nur kleine Schritte vornehmen. Ihr Leben ist nicht über Nacht aus der Bahn geraten, und Sie können es auch nicht über Nacht wieder in Ordnung bringen. Fangen Sie mit einer kleinen Veränderung an, und seien Sie dabei auf Widerstand gefaßt. Aber geben Sie niemals auf! Jeder Tag ist ein neuer Beginn, und Sie können Schritt für Schritt auf Ihre Ziele zugehen. Wenn Sie dann Ihr Leben langsam wieder in den Griff bekommen, werden Sie auch wieder ein fröhlicherer Mensch werden.


*Zum Nachdenken über...*

... Freiheit, Entscheidungen und Verantwortlichkeit: 5. Mose 30, 15-20; Johannes 8, 31.32.36; Epheser 5, 15-17.
... Gott als Helfer: Psalm 46, 2-4; Jesaja 41, 10-13; Philipper 4, 13.

# Teil II:
# Wahrheit statt Verleugnung

## Kapitel 6:
## Verleugnung: Alles unter den Teppich kehren

*„Siehe, dir gefällt Wahrheit, die im Verborgenen liegt, und im Geheimen tust du mir Weisheit kund" (Psalm 51, 6).*

Verleugnung ist ein seelischer Schutzmechanismus, durch den wir unangenehme Wahrheiten abwehren. Zwar wissen wir tief in unserem Innersten, daß etwas wahr ist, sind jedoch nicht bereit, uns diesem Schmerz zu stellen. Vielleicht haben Sie das schon erlebt, wenn ein Ihnen nahestehender Mensch gestorben ist. „O nein", haben Sie vielleicht gesagt, „das kann nicht wahr sein!"

Bei einem Todesfall müssen wir uns schon bald der Wahrheit stellen und können dann trauern. Beim Alkoholismus jedoch wird vieles über Jahre hinweg verleugnet. Der Problemtrinker selbst verleugnet die Wahrheit, ebenso seine Familie, die Freunde, vielleicht sogar der Arzt. Alkoholismus ist eine schleichende Krankheit, deren Symptome leicht falsch bewertet werden. Außerdem wird starkes Trinken in unserer Gesellschaft weitgehend toleriert. All das begünstigt die Verleugnung der unangenehmen Wahrheit.

Deswegen bleibt Alkoholismus häufig unerkannt und unbehandelt, bis die Krankheit in fortgeschrittenem Stadium ist. Das Thema Alkoholismus ist oft tabu, besonders in frommen Kreisen. Viele Leute sind zudem mit einem Alkoholiker als Elternteil aufgewachsen und werden sich dessen erst bewußt, wenn sie bereits erwachsen sind. „Ich wußte, daß meine Familie nicht normal war, aber das Problem wurde nie beim Namen genannt", sagen sie.

Ist es nicht seltsam, daß Familien, die so sehr unter dem Alkoholproblem leiden, es dennoch verleugnen? Eigentlich nicht. Denn wenn wir zugeben, daß es in der Familie Probleme gibt, setzen wir alle möglichen negativen Gefühle frei. Davor haben wir Angst, und deshalb erscheint es uns sicherer, uns nichts einzugestehen.

## Wie verleugnet der Alkoholkranke?

Ein großer Teil des Verleugnungssystems bei einem Alkoholkranken ist auf ausschließende Erklärungen aufgebaut. In anderen Worten: „Ich kann kein Alkoholiker sein, weil ich …

- … morgens nichts trinke."
- … nicht jeden Tag trinke."
- … nur in Kneipen trinke."
- … nie allein trinke."
- … nur Bier (Wein, Whisky usw.) trinke."
- … nie Wein (starken Schnaps usw.) trinke."
- … bloß mit Geschäftsfreunden trinke."
- … nur auf Parties trinke."
- … noch nie einen Arbeitstag verpaßt habe."
- … Freunde habe, die mehr trinken als ich."
- … noch nie mit Alkohol am Steuer erwischt worden bin."

Doch all das beweist nicht, daß jemand nicht alkoholkrank ist. Ein Alkoholkranker versucht noch auf andere Weise, die Wirklichkeit abzuleugnen:

- Er findet Ausreden, statt die Verantwortung für sein Trinken zu übernehmen. Er sagt zum Beispiel, der Streß auf der Arbeit, seine schlechte Ehe oder ein tragischer Vorfall in der Vergangenheit seien der Grund für sein Trinken. Wenn diese Gründe stimmten, müßte jeder mit ähnlichen Problemen exzessiv trinken.
- Er behauptet, er brauche keinen Alkohol, obwohl er mit seinem ganzen Leben darum kreist.
- Er lügt, wenn er nach seinem Alkoholkonsum gefragt wird, trinkt heimlich und versteckt Flaschen zu Hause.
- Er behauptet, veränderte Lebensumstände (Umzug, Arbeitsstelle usw.) brächte ihn dazu, mit dem Trinken aufzuhören.

● Er sagt, er könne jederzeit mit Trinken aufhören, obwohl er schon mehrere erfolglose Versuche hinter sich hat.

In den fortgeschrittenen Phasen der Krankheit kann der Verleugnungsmechanismus so stark werden, daß ein in sich völlig widersprüchliches Denken die Folge ist. Die Autorin Jean Kirkpatrick beschreibt diese Form des realitätsfernen Denkens aus ihrer Trinkzeit: „Ich nahm die Flasche mit und ging zurück ins Schlafzimmer, wo ich in aller Ruhe ein Glas trank, weil ich mich gerade dazu durchgerungen hatte, an diesem Tag nicht zu trinken." Weiter beschreibt sie, wie sie sich dazu entschloß, nie wieder zu trinken, während sie gleichzeitig etwas gegen den Kater trank, Schnaps „für die Gäste" kaufte, und „nur mal ein Glas" trank, nachdem sie mehrere Tage nicht getrunken hatte.

Der Alkoholkranke hält an seinem Verleugnungssystem fest, weil er panische Angst davor hat, das Trinken aufzugeben. Verleugnung wird für ihn zum wirklich einzigen Mittel, mit Problemen und Streß fertigzuwerden.

## Wie verleugnet die Familie?

Ich möchte Ihnen gratulieren, weil Sie endlich aufgehört haben zu leugnen, daß es in Ihrer Familie einen Alkoholkranken gibt. (Ich vermute, daß jeder, der dieses Buch liest, wenigstens einen Alkoholkranken in seiner Familie oder unter seinen Freunden oder Bekannten hat.) Machen Sie sich keine Vorwürfe, weil Sie das abgeleugnet haben, denn das ist ganz normal. Man sagt, die durchschnittliche Alkoholikerfamilie brauche sieben Jahre, bis sie den Alkoholismus erkennt und sich eingesteht. Meist vergehen dann noch zwei weitere Jahre, bis sie Hilfe in Anspruch nimmt.

So unterstützt die typische Familie das Verleugnen:

● Sie glaubt das Verleugnungssystem des Alkoholikers. Oft ist es einfach, dem Alkoholkranken seine Entschuldigungen und Erklärungen abzunehmen.

● Sie deckt den Alkoholkranken anderen gegenüber. „Jochen kann heute nicht kommen. Er hat die Grippe." – „Papa kann heute abend leider nicht zu deinem Fußballspiel mitgehen. Er muß noch arbeiten." – „Geht eurer Mutter nicht auf die Nerven, Kinder. Sie ist heute sehr müde." – „Wenn sich Lisa etwas seltsam verhält, liegt das an den Medikamenten, die sie nehmen muß."

● Sie spielt das Problem herab. „Eigentlich ist das alles gar nicht so schlimm. Wenn er nicht trinkt, ist er ein ganz netter Kerl. Und außerdem war er nicht immer so. Andere Leute haben viel schlimmere Probleme."

Aber nicht nur die Probleme des Alkoholikers werden geleugnet, sondern auch das eigene Fehlverhalten. Erkennen Sie sich vielleicht in der folgenden Aufstellung wieder?

● Sie schieben dem Alkoholkranken für alles, was verkehrt läuft, die Schuld zu und entschuldigen Ihr eigenes, manchmal genauso falsches Verhalten.

● Sie denken, Ihr eigenes Leben wäre auf einen Schlag in bester Ordnung, wenn nur der Alkoholkranke aufhörte zu trinken.

● Sie versuchen, den Alkoholkranken zu kontrollieren und sagen, er sei ja auf Ihre Hilfe angewiesen.

● Sie nehmen an, der Alkoholkranke könne ohne Hilfe von außen gesund werden.

● Sie meinen, selbst keine Hilfe zu brauchen. Sie denken, Sie hätten alles unter Kontrolle.

● Sie sagen, Sie täten bereits Ihr Bestes. Mehr könne niemand von Ihnen verlangen. Dabei geht es gar nicht darum, noch mehr für Ihren Partner zu tun, sondern besser für sich selbst zu sorgen.

● Sie meinen, Sie verdienten die schlechte Behandlung. (Falsch, falsch – niemand verdient es, schlecht behandelt zu werden!)


## Warum verleugnet die Familie?

Wenn wir unser ständiges Leugnen aufgeben, sehen wir uns mit einer Menge negativer Gefühle konfrontiert, und das ist sehr schmerzhaft. Doch es gibt noch andere Gründe, warum das Leugnen oft jahrelang andauert. Das hat auch mit den Zyklen beim Alkoholismus zu tun.

Das Fehlverhalten eines Alkoholkranken ist nicht immer gleichbleibend. Es gibt Zeiten, in denen alles sehr schlimm wird und

Zeiten der Besserung. Dieses Auf und Ab liegt zum Teil an den Bemühungen des Alkoholkranken, sich zu ändern. Jedes Tief schockiert und ängstigt ihn. Dann nimmt er sich vor, sich am Riemen zu reißen und das Trinken aufzugeben oder wenigstens einzuschränken. Auch wenn der Erfolg nur beschränkt ist, fühlt er sich dadurch erleichtert. „Vielleicht bin ich ja doch kein Alkoholiker", sagt er sich dann. Wenn seine Wachsamkeit aber wieder nachläßt, fällt er in die alten Gewohnheiten zurück.

Während der guten Zeiten übernehmen auch die Familienmitglieder dieses Gefühl der Hoffnung. Wenn Sie wieder einmal sehr besorgt waren – oder sehr wütend –, reißt sich sich der Alkoholiker zusammen, und für eine Weile sieht alles ganz gut aus. Erleichtert sagen Sie dann vielleicht: „Es wird alles wieder gut werden." Und wenn es dann doch wieder abwärts geht, verschließen Sie die Augen davor. Die Enttäuschung wäre zu bitter.

Versuchen Sie einmal, dieses Auf und Ab etwas realistischer zu sehen, anstatt Ihre Gefühle jedesmal Achterbahn fahren zu lassen. Ja, die guten Zeiten sind immer nur eine trügerische Ruhe vor dem Sturm, und die schlechten Zeiten werden immer schlimmer. Aber so weh das auch tut, es ist ein Fortschritt! Denn so beweist der Alkoholkranke sich selbst und Ihnen, daß er nicht allein mit seiner Krankheit fertigwerden kann.

Ein weiterer Grund, warum Sie als Partner eines Alkoholkranken sich der Krankheit in Ihrer Ehe nicht stellen wollen, ist die heimliche Angst, Sie selbst könnten an dieser Krankheit schuld sein. Aber Alkoholismus kann durch die Beziehung zu einer anderen Person weder verursacht noch vermieden werden. Die Macht dazu haben Sie nie gehabt, und deshalb sollten Sie sich dafür keine Schuld geben.

Oder haben Sie den Alkoholismus verleugnet, weil Sie nicht bemitleidet werden wollten? Von anderen bemitleidet zu werden, kann wirklich demütigend sein. Und wer läßt sich schon freiwillig demütigen?

Doch Ihr Problem wird nie verschwinden, wenn Sie es leugnen. Es wird allerdings auch nicht schlimmer, wenn Sie sich ihm stellen. Wenn Sie aufhören, Ihre Schwierigkeiten zu leugnen, werden Sie sich zwar wahrscheinlich eine Zeitlang schlechter fühlen, weil

Sie dann Ihre negativen Gefühle nicht mehr einfach unter den Teppich kehren. Doch nur so wird sich etwas ändern! Das Wichtige ist, daß Sie sich Ihrer Gefühle bewußt werden. Dann werden sie ihre Macht über Sie verlieren.

## Wenn andere verleugnen – Sie nicht mehr!

Wenn Sie begonnen haben, sich Ihre Schwierigkeiten einzugestehen, werden Sie sich möglicherweise damit auseinandersetzen müssen, daß die anderen Familienmitglieder oder Freunde die Wahrheit noch immer nicht sehen wollen. Seien Sie geduldig. Erinnern Sie sich daran, daß es auch bei Ihnen einige Zeit gedauert hat, bis Sie sich Ihren Problemen stellen konnten.

Besonders schwierig wird es, wenn einer Ihrer Angehörigen meint, Sie seien am Trinkverhalten des Alkoholkranken schuld, wenn zum Beispiel jemand behauptet: „Kein Wunder, daß Dieter trinkt. Lore macht ja auch aus jeder aus jeder Mücke einen Elefanten." – „Dieter muß zu Hause eine Menge Probleme haben, sonst würde er doch nicht den ganzen Tag in der Kneipe rumgammeln." – „Bevor mein Sohn diese Frau geheiratet hat, hat er nie so viel getrunken." – „Mama trinkt zwar eine Menge, aber sie ist lustig. Papa ist derjenige, der sich komisch verhält." Es ist wichtig, daß Sie sich die Meinungen und Gefühle anderer nicht zu eigen machen.

Nochmals möchte ich Ihnen gratulieren, daß Sie Ihr Verleugnen endlich überwunden haben. Das ist ein großer Schritt nach vorn. Jesus sagt einmal: „Die Wahrheit wird euch frei machen" (Johannes 8, 32). Alle Wahrheit macht uns frei – frei von Illusionen, unangebrachten Schuldgefühlen, frei von überflüssigem emotionalen Ballast, frei, um heil zu werden, und frei zu neuer Lebensfreude.

*Zum Nachdenken über ...*

... Wahrheit: Johannes 14, 16.17; 1. Korinther 13, 6; 2. Korinther 13, 8.

# Kapitel 7:
# Konfrontation: Die Wahrheit in Liebe sagen

*„Laßt uns wahrhaftig sein in der Liebe und wachsen in allen Stücken zu dem hin, der das Haupt ist, Christus" (Epheser 4, 15).*

Konfrontation bedeutet, die Wahrheit – besonders eine unangenehme Wahrheit – in Liebe zu sagen. In dem obenstehenden Vers wird beides genannt: Wahrhaftigkeit und Liebe. Wahrheit ohne Liebe ist grausam. Liebe ohne Wahrheit ist gedankenlos. Jede für sich schaden mehr, als sie nützen.

Meine Mutter brachte mir folgenden Satz bei: „Wenn du nichts Nettes sagen kannst, sage besser überhaupt nichts." Mütter wollen nicht, daß ihre Kinder die alte Frau von nebenan fragen: „Warum stinkt dein Hund so?" Deshalb bringen sie ihnen so etwas bei.

Bei flüchtigen Bekanntschaften ist dieses Prinzip ganz gut. In näheren Beziehungen ist es jedoch schädlich, bei Problemen „überhaupt nichts" zu sagen. Es ist unmöglich, Nähe zu erleben, wenn man sich nicht verständigt, und Verständigung ist nicht bloß Schönfärberei. Wenn ich jemanden wirklich lieben will, muß ich verstehen, wer er ist, was er denkt, fühlt und braucht und wie mein Verhalten auf ihn wirkt. Um mich selbst lieben zu können, muß er dieselben Dinge auch bei mir verstehen.

Um all dies zu verstehen, müssen wir normalerweise darauf hingewiesen werden. Viel zu oft erwarten wir von anderen, Gedanken lesen zu können: „Er sollte wissen, wie ich mich fühle!" Aber woher denn? In ein und derselben Situation reagiert jeder anders. Jeder hat sein eigenes Temperament, seinen eigenen Hintergrund. Außerdem gibt es grundlegende Unterschiede zwischen den Geschlechtern. Oft sind wir auch nicht sensibel genug für Körpersprache und andere Signale. Wir brauchen die Sprache.

Eine Konfrontation durchbricht das Verleugnen. Zudem weiß der Alkoholkranke nicht, wie sehr sein Verhalten Sie verletzt, wenn Sie es ihm nicht sagen. Jedem anderen müßten Sie das auch sagen. Ein Alkoholkranker ist so sehr mit sich und seinen Ängsten beschäftigt, daß er darüber hinaus oft kaum noch etwas wahrnimmt.

Wenn das Alkoholproblem und seine Folgen ein Tabuthema in Ihrer Familie bleibt, verhindern Sie eine mögliche Heilung. Alkoholismus gedeiht am besten in Geheimnistuerei. Wenn die Wahrheit sachlich und liebevoll ans Licht gebracht wird, kann das dem Alkoholkranken helfen, sich der Krankheit und ihren Auswirkungen auf ihn und seine Familie zu stellen. Er wird dann vielleicht endlich etwas daran ändern wollen. Auch bevor der Alkoholkranke abstinent wird, können Sie einen besseren Umgang erreichen.

## Konfrontation ist keine Verurteilung

Jesus sagt: „Richtet nicht, so werdet ihr auch nicht gerichtet. Verdammt nicht, so werdet ihr auch nicht verdammt. Vergebt, so wird euch vergeben" (Lukas 6, 37). Viele Christen meinen, daß sie einen anderen „richten", wenn sie sein schlechtes Verhalten in Frage stellen. Das ist hier nicht gemeint. Wir richten nicht, wenn wir eine offensichtliche Sünde beim Namen nennen. Jesus und die Apostel haben das getan. So fordert Paulus zum Beispiel in 1. Korinther 5, die Unzüchtigen aus der Gemeinde auszuschließen. Wie hätten sie das tun sollen, ohne deren Sünde beim Namen zu nennen? Wenn wir den Alkoholkranken mit der Wahrheit konfrontieren, geht es nicht darum, ihn zu verdammen, sondern sein übermäßiges Trinken in Frage zu stellen. Wir sollen „die Sünde hassen und die Sünder lieben", wie es in einem beliebten Wort heißt.

Wenn wir richten, so bezieht sich das auf die Beziehung des anderen zu Gott. Konfrontation bezieht sich auf unser Verhältnis zu jemandem, der uns verletzt. Richten beschuldigt. Konfrontation bringt die Wahrheit ans Licht. Wer richtet, greift den Charakter eines anderen an und stellt seinen Wert in Frage. In einer Konfrontation geht es um das Verhalten einer Person, während ihr Wert vor Gott voll anerkannt wird. Im Richten wird Ärger ausgedrückt. Eine Konfrontation ist ein Ausdruck der Hoffnung auf

Besserung. Richten läßt die Liebe außen vor. Konfrontation versucht, die Liebe zu retten, sie zu heilen und wachsen zu lassen.

Selbsterkenntnis gehört wesentlich zur Konfrontation dazu. In Lukas 6,42 sagt Jesus: „Zieh zuerst den Balken aus deinem Auge, und sieh dann zu, daß du den Splitter aus deines Bruders Auge ziehst!" Achten Sie auf das Wort „zuerst". Zuerst sollen wir uns um unser eigenes Fehlverhalten kümmern, damit haben wir genug zu tun. Jesus hat nie gesagt: „Laß den Splitter in deines Bruders Auge dort, wo er ist." Er wollte vor Selbstgerechtigkeit warnen, jedoch nicht verbieten, sich mit den Verfehlungen anderer zu befassen.

## Wie sollen wir jemanden mit der Wahrheit konfrontieren?

Es scheint widersprüchlich, aber mit einer liebevollen Konfrontation können wir Frieden stiften. Wenn wir ehrlich unsere Gefühle ausdrücken, dann wird es möglich, einander anzunehmen und harmonischer zusammen zu leben. Wir können unser Verhalten nicht ändern – und der andere seins auch nicht, wenn wir nicht wissen, wie wir einander verletzen.

Wenn wir Groll und Ärger ständig schlucken, dann stauen sie sich in der Tiefe an, bis sie plötzlich und dann meist unkontrollierbar hervorbrechen. Das kann dazu führen, daß man den anderen am Ende total ablehnt. Schon viele Menschen fanden sich plötzlich von ihrem Partner verlassen. „Ich verstehe nicht, was passiert ist. Bis er mich verlassen hat, dachte ich immer, zwischen uns sei alles in Ordnung", sagen sie dann. Ist es da nicht besser, wenn man Probleme anspricht, statt zu warten, bis der aufgestaute Zorn sich in einer Explosion entlädt? Konfrontationen führen zu einer gesunden Ehe, die auch in schweren Zeiten gute Überlebenschancen hat.

*Wie Sie vorgehen können:*

1. *Gehen Sie keiner Konfrontation aus dem Weg.* Sobald Sie spüren, daß Sie etwas verletzt, sprechen Sie es an. Warten Sie nicht erst, bis sich der Ärger aufstaut.

2. *Die beste Zeit, einen Alkoholkranken zur Rede zu stellen, ist normalerweise der Morgen,* weil er um diese Zeit am wenigsten Alkohol im Blut hat. Versuchen Sie es gar nicht erst, wenn er betrunken ist, das wird nichts oder nur wenig nützen.

3. *Bleiben Sie bei den Tatsachen.* Sagen Sie ihm, was er getan hat, als er betrunken war, und wie Sie sich dabei gefühlt haben. Auf keinen Fall sollten Sie predigen oder moralisieren. Sprechen Sie über konkrete Dinge. Sagen Sie zum Beispiel: „Gestern abend bei Jochen und Lisa warst du schrecklich betrunken. Du hast gelallt und konntest nicht mehr richtig gehen. Dann sagtest du Lisa noch, sie hätte ein Hasengebiß. Das war für mich äußerst peinlich, und ich war sehr wütend." Unter keinen Umständen sollten Sie z. B. sagen: „Gestern abend hast du dich benommen wie ein Idiot. Lisa und Jochen werden uns bestimmt nie mehr einladen. Anständige Leute wollen nichts mit Betrunkenen zu tun haben." Das sind keine Fakten, sondern bloß Ihre Meinung und Ihre Schlußfolgerungen. Damit beschwören Sie nur einen Streit herauf. Bleiben Sie bei den Tatsachen und lassen Sie den anderen seine eigenen Schlüsse ziehen.

4. *Fassen Sie sich kurz.* Teilen Sie in zwei, drei kurzen Sätzen mit, was Sie zu sagen haben, und lassen Sie es damit gut sein. Wiederholen Sie sich nicht, halten Sie keinen langen Reden. So wird der Alkoholkranke Sie besser verstehen, selbst dann, wenn er so tut, als hätte er nichts mitbekommen.

5. *Bleiben Sie ruhig.* Reden Sie sachlich und nüchtern, und versuchen Sie, Ihre Gefühle im Zaum zu halten. Treten Sie so ruhig und ausgeglichen wie möglich auf. Lassen Sie Ihr Gegenüber entscheiden, ob es für ihn einen Grund zur Sorge gibt. Vor allem aber sollten Sie Ihren Ärger für sich behalten. Sie können ihm sagen, daß Sie wütend sind, aber lassen Sie Ihre Gefühle nicht mit Ihnen durchgehen. Ein Gefühlsausbruch würde die Gegensätze nur verschärfen.

6. *Machen Sie ihm klar, wie Sie sich wegen seines Verhaltens gefühlt haben,* indem Sie die Sätze mit „ich" anfangen: „Ich habe mich sehr alleingelassen gefühlt, als du mich angeschrien hast und die Tür hinter dir zugeschlagen hast."

7. *Lassen Sie sich auf keinen Streit ein.* Erwidern Sie nichts, wenn der Alkoholkranke Tatsachen bestreitet und Sie beschuldigt. Machen Sie sich schon im voraus Gedanken darüber, wie Sie einem möglichen Streit ausweichen können. Geben Sie dem anderen eine Chance, über das Gesagte nachzudenken.

8. *Erwähnen Sie die Versprechungen, die er gemacht hat.* Machen Sie ihm klar, daß Sie erwarten, er werde sie auch einhalten: „Übrigens, vergiß nicht, daß du mit den Kindern angeln gehen wolltest" oder „Wie nett von dir, daß du Mutter angeboten hast, ihr Dach zu reparieren."

9. *Sie können ihm vorschlagen,* professionelle Hilfe in Anspruch zu nehmen oder eine Selbsthilfegruppe zu besuchen. Aber drängen Sie ihn nicht dazu. Wenn er zustimmt, sollte er dann auch selbst den Kontakt aufnehmen.

10. *Manchmal brauchen Sie nichts zu sagen.* Finden Sie zum Beispiel eine versteckte Flasche, stellen Sie sie offen hin. Dann wird er wissen, daß er Sie nicht zum Narren halten kann.

11. *Sparen Sie nicht mit Anerkennung.* Suchen Sie etwas, für das Sie ihm wirklich danken können, und bringen Sie es in eine normale Unterhaltung ein. Machen Sie es sich zur Gewohnheit, ihm mindestens einmal am Tag Ihre Anerkennung auszusprechen. Sie wollen ja schließlich nicht nur Negatives sagen.

12. *Mischen Sie sich nicht ein,* wenn andere ihn mit seinem Fehlverhalten konfrontieren. Bringt ihn sein Trinken in Schwierigkeiten, dann spielen Sie nicht die große Schwester, die ihn verteidigt – selbst wenn Ihnen danach zumute ist. Wenn Sie loyal sind, dann ist das ein guter Zug von Ihnen. Verteidigen Sie aber nicht die Krankheit. Konflikte und Schwierigkeiten mit anderen sind die logischen Konsequenzen des Trinkens, und es ist besser, wenn der Alkoholkranke sie allein tragen muß.

*Was Sie vermeiden sollten:*

1. *Sie brauchen sich nicht für die Veränderungen, die Sie durchführen, zu rechtfertigen.* Teilen Sie ihm einfach mit: „Ich brauche das ganze Haushaltsgeld, um Lebensmittel zu kaufen und

die Miete zu bezahlen. In Zukunft werde ich kein Bier mehr kaufen. Wenn du welches haben willst, mußt du es dir selbst besorgen." Sie brauchen ihm nicht großartig zu erklären, was Sie vorhaben. Lassen Sie ihn ruhig darüber im unklaren, was in Ihrem Kopf vorgeht. Auch sollten Sie nicht im einzelnen erzählen, was Sie in der Selbsthilfegruppe oder bei Ihrem Seelsorger besprochen haben.

2. *Spielen Sie nicht den Therapeuten,* es ist Zeitverschwendung. Wenn es Ihnen Spaß macht, sich nächtelang mit ihm über Philosophie und Moral zu unterhalten, gut. Aber nehmen Sie die „Einsichten", die Sie gewinnen, nicht zu wichtig. Versuchen Sie nicht, tiefenpsychologische Erklärungen für den Alkoholismus zu finden. Damit ermutigen Sie nur zu weiterem Verleugnen.

3. *Fragen Sie niemals, warum der Alkoholkranke trinkt oder etwas Bestimmtes getan hat.* Damit ermuntern Sie ihn bloß zu Lügen und Entschuldigungen. Wenn Sie irgendwelche Tatsachen herausbekommen möchten, sollten Sie lieber fragen „was" und nicht „warum". Aber selbst dann können Sie nicht erwarten, daß Sie die Wahrheit erfahren.

4. *Lassen Sie sich nicht darüber in Diskussionen verwickeln, wieviel er getrunken hat oder ob er betrunken war.* Sie werden immer verlieren, es sei denn, Sie könnten eine Blutprobe entnehmen. Konzentrieren Sie sich auf das, was Sie selbst beobachtet haben. Zum Beispiel könnten Sie eine solche Diskussion beenden, indem Sie sagen: „In Ordnung, wenn du nur drei Flaschen Bier getrunken hast, dann war das wohl mehr, als du verträgst. Du hast nämlich ganz schön geschwankt."

5. *Schütten Sie keine Flaschen aus,* egal ob sie versteckt sind oder nicht. Ein Alkoholkranker wird mit Sicherheit dagegen aufbegehren, wenn Sie versuchen, ihn zu kontrollieren, und außerdem immer Wege finden, seine geheimen Vorräte zu ersetzen. Verzichten Sie auch darauf, nach versteckten Flaschen zu suchen oder Etiketten zu markieren, um feststellen zu können, wieviel er wirklich trinkt.

6. *Stellen Sie kein Ultimatum,* es sei denn, Sie sind bereit, es wirklich durchzuhalten. Ein Ultimatum ist eine schwere Drohung für den Fall, daß bestimmte Bedingungen nicht

eingehalten werden: „Wenn ich dich noch einmal mit einem Bier sehe, werde ich ausziehen." – „Wenn du nicht bis sieben zu Hause bist, gehe ich ohne dich." – „Wenn du in deinem Zustand noch Auto fährst, werde ich dich der Polizei melden." Manchmal ist ein Ultimatum nötig, zum Beispiel wenn es um Ihre Sicherheit und die Ihrer Kinder oder um Ihren Seelenfrieden geht. Doch bringen Sie sich nicht in eine schwierige Lage, indem Sie etwas androhen, was Sie doch nicht tun würden. Wenn Sie doch einmal ein Ultimatum stellen, bleiben Sie fest und geben Sie nicht nach.

## Gezielte Konfrontation

Jesus sagt: „Sündigt dein Bruder an dir, so geh hin und weise ihn zurecht zwischen dir und ihm allein. Hört er auf dich, so hast du deinen Bruder gewonnen. Hört er nicht auf dich, so nimm noch einen oder zwei zu dir, damit jede Sache durch den Mund von zwei oder drei Zeugen bestätigt werde. Hört er nicht auf die, so sage es der Gemeinde" (Matthäus 18, 15-17).

Manche Suchtberater arbeiten mit einer Technik, die dem ähnelt, was Jesus hier gesagt hat. Wenn der Alkoholkranke nicht auf die Konfrontation mit einer einzelnen Person anspricht, wird eine Konfrontation mit einer Gruppe von mehreren, ihm nahestehenden Leuten durchgeführt. Sie muß sehr sorgfältig geplant werden, um dann den Alkoholkranken damit zu überraschen.

Zu dieser Gruppe können zum Beispiel der Ehegatte und die Kinder des Alkoholkranken gehören, außerdem eventuell sein Arzt, der Pastor, Freunde, Verwandte und Bekannte, der Arbeitgeber und Kollegen. Die Teilnehmer werden nach ihrer Fähigkeit ausgesucht, den Alkoholkranken zu konfrontieren, ohne ihn dabei zu verurteilen oder herabzusetzen. Auch kleine Kinder können dazugehören, sie können sogar sehr wichtig sein. Die Gruppe bereitet sich zusammen mit einem Suchtberater sorgfältig vor, indem gemeinsam überlegt wird, was jeder einzelne sagen wird. Der Berater ist bei der Konfrontation mit dabei. Während der Konfrontation erzählen die einzelnen nacheinander von mehreren bestimmten Situationen der letzten Zeit, in denen sie durch das Verhalten des Alkoholkranken verletzt worden sind. Schließlich wird dem Alkoholkranken nahegelegt, zur Behandlung in eine Fachklinik zu gehen. Die für die Aufnahme erforderlichen Formulare liegen zur Unterschrift bereit.

Die Teilnehmer sagen dem Alkoholkranken auch, was geschehen wird, wenn er sich nicht behandeln läßt. Vielleicht verliert er dann seine Arbeitsstelle. Oder die Scheidung seiner Ehe wird eingeleitet, ein Kind verläßt vielleicht das Elternhaus. Ein alter Freund wird dann den Kontakt zu ihm abbrechen. Auch über solche Konsequenzen sollte im voraus gesprochen werden.

Die Erfolgsaussichten sind hier gut. Selbst wenn der Alkoholkranke der Behandlung nicht sofort zustimmt, ändert er oft bereits nach wenigen Tagen seine Meinung. Aber auch wenn dies nicht geschieht, so ist doch wenigstens die Familie und der Freundeskreis die Last des Leugnens losgeworden. Und das kann befreiend und heilsam für alle Beteiligten sein – die Wahrheit hat endlich gesiegt.

Konfrontationen sind beängstigend – ob man dabei dem Alkoholkranken als einzelner gegenübersteht oder als Glied einer Gruppe. Auch ich hatte Angst davor, meine verborgenen Gefühle ans Licht zu bringen und in Worte zu fassen. Aber ich bin überzeugt, daß die Vorteile die Risiken überwiegen. In Liebe die Wahrheit zu sagen, ist unglaublich befreiend. Sie werden viel mehr inneren Frieden und Gelassenheit erleben. Außerdem könnte die Reaktion Ihres Angehörigen positiver ausfallen, als Sie denken. Beginnen Sie ganz klein – das Wichtigste ist, Sie beginnen überhaupt. In den Sprüchen heißt es sehr wahr: „Ein wahrhaftiger Zeuge rettet manchem das Leben" (Sprüche 14, 25).


*Zum Nachdenken über ...*


... Konfrontation: Sprüche 12, 18; Epheser 4, 25; Jakobus 5, 19f.

# Teil III:
# Aus der Angst zum Glauben

## Kapitel 8:
## Lassen Sie sich nicht unterkriegen

*„Siehe, ich habe dir geboten, daß du getrost und unverzagt seist. Laß dir nicht grauen und entsetze dich nicht; denn der Herr, dein Gott, ist mit dir, in allem, was du tun wirst" (Josua 1, 9).*

Josua stand vor schweren Kämpfen, denn er sollte das Volk Israel ins Land Kanaan führen. Dreimal gebot Gott ihm, stark und mutig zu sein. Josua hatte zwar schon bewiesen, daß er tapfer war, aber Gott weiß, daß selbst die Mutigsten anfangen zu zittern, wenn es aufs Ganze geht. Gottes Wort gilt auch uns. Das Leben mit einem Alkoholkranken ist wie ein Kampf, der auch den Standhaftesten auslaugt.

## Haben Sie Angst davor, daß ...

- ... Ihr alkoholabhängiger Partner eines Tages im Vollrausch verunglückt, daß er Selbstmord begeht oder Sie verläßt?
- ... Sie Ihr Zuhause verlieren oder sich mit Schulden überladen?
- ... der Alkoholkranke Sie öffentlich bloßstellt oder demütigt?
- ... andere Sie verachten und schlecht über Sie reden, weil Sie sich eine so schlechte Behandlung gefallen lassen?
- ... Sie irgendwie dafür bezahlen müssen, wenn Sie sich freimachen, weil Sie ein glücklicheres Leben haben wollen?
- ... der Alkoholkranke, wenn er wütend ist, Sie oder eins Ihrer Kinder mißhandelt?

- …die allgegenwärtige, lähmende Angst, die Sie manchmal fühlen, Sie am Ende verrückt machen wird?
- …Sie Ihre Gesundheit ruinieren, weil Sie sich so sehr sorgen?
- …dem Alkoholkranken etwas Schreckliches passieren wird, wenn Sie aufhören, ihm die Folgen seines Trinkens abzunehmen?

Wer sich eingesteht, daß er Angst hat, der hat schon den ersten Schritt zur Überwindung der Angst getan. Wenn eine oder mehrere der obigen Aussagen auf Sie zutreffen, dann gehören auch Sie zu den vielen, die unter ständiger Angst leben.

Wenn Sie oft mit Ihren Ängsten und Sorgen zu kämpfen haben, sollten Sie sich an eines erinnern: Mut zu haben bedeutet nicht, keine Angst mehr zu haben. Es heißt vielmehr, mit der Angst umgehen zu lernen.

## Ratschläge, die mir und anderen geholfen haben:

1. *Verharmlosen Sie Gewalttätigkeiten des Alkoholkranken nicht.* Wenn Ihre Kinder oder Sie selbst in Gefahr geraten, körperlich verletzt zu werden, dann sollten Sie sich so schnell wie möglich in Sicherheit bringen. Bevor Sie dann weitere Schritte unternehmen, sollten Sie die Abschnitte über Mißhandlungen lesen. Und: Wenn Sie selber etwas unternehmen, um sich zu schützen, bedeutet das nicht, daß Sie nicht genügend auf Gott vertrauen.

2. *Reden Sie mit Gott* über Ihre Ängste und bitten Sie ihn um Hilfe, sooft Sie das brauchen. Wenn Sie Ihre Furcht eingestehen, geben Sie Gott die Möglichkeit, Sie davon zu befreien. Lassen Sie Ihren Gefühlen einfach freien Lauf. Bitten Sie Gott: „Herr, du siehst, wieviel Angst ich habe. Bitte nimm diese Angst von mir. Hilf mir herauszufinden, woher sie kommt, damit ich sie wirklich loswerden kann." Ihr himmlischer Vater wird niemals müde, Ihnen zuzuhören. Er will Ihnen helfen, mit allem fertig zu werden, was Sie davon abhält, in seinem Licht zu leben.

3. *Setzen Sie sich mit Ihrer Angst auseinander.* Dann wird Gott Ihnen zeigen, daß viele Ihrer Ängste grundlos sind. Malen Sie sich konkret aus, was schlimmstenfalls passieren könnte, und sprechen Sie darüber mit Gott. Sagen Sie ihm beispielsweise:

„Herr, ich habe Angst davor, daß wir uns finanziell ruinieren und dann unser Haus verlieren könnten. Ich sehe schon, wie wir unsere Sachen packen und ausziehen müssen." Dann legen Sie Ihre Ängste in Gottes Hände. In Lukas 12, 22-31 steht, wie Jesus seinen Jüngern zugesagt hat, daß er für sie sorgen will. Dieses Versprechen gilt auch für Sie. Gott wird für Sie sorgen und sich um Sie kümmern, wenn Sie sich auf ihn verlassen. Sie werden zwar einige Ihrer Vorstellungen aufgeben müssen, aber Sie können sich darauf verlassen, daß Gott bei Ihnen ist. Wenn Sie über die bedrückenden „Was passiert, wenn"-Fragen mit Gott gesprochen haben, werden Sie nicht mehr so viel darüber grübeln. Sie können nur einen Tag nach dem anderen leben. Wenn Sie sich aber ständig um das sorgen, was morgen passieren könnte, gerät Ihnen das, was heute dran ist, aus dem Blick.

4. *Handeln Sie!* Manchmal denken wir, wir müßten uns erst gut fühlen, bevor wir positive Schritte unternehmen können. Aber bei Gott ist es oft umgekehrt. Oft müssen wir im Vertrauen auf Gott den ersten Schritt tun, bevor Gott einschreitet und hilft. Gute, gesunde Gefühle sind das Ergebnis, nicht Voraussetzung oder Motivationsgrundlage. Ähnlich war es bei Josua. Hätte er nicht auf Grund der Zusagen Gottes seine Angst überwunden, wären die Israeliten nie in Kanaan eingezogen.

Vor einigen Jahren las ich von einer Frau, die auch eine schwere Zeit durchmachen mußte. Sie schaffte es, indem sie so tat, als liebte sie ihren Mann. Und schließlich, nicht sofort, liebte sie ihn wirklich, und er erwiderte ihre Gefühle.

Genau wie diese Frau können auch Sie so tun, als ob Sie keine Angst vor dem Alkoholkranken hätten, vor dem, was er tun und was ihm zustoßen könnte. Wenn Sie so tun, als erwarteten Sie von ihm mehr Verantwortung, dann ist es viel wahrscheinlicher – nicht sicher, aber wahrscheinlicher –, daß er sie auch tatsächlich übernimmt. Sie können so tun, als hofften Sie darauf, der Alkoholkranke werde gesund, indem Sie für ihn beten, selbst dann noch, wenn es sogar für Gottes Hilfe zu spät zu sein scheint. Oder Sie können so tun, als kümmere es Sie nicht, wo Ihr Partner sich aufhält, indem Sie einfach früh zu Bett gehen und nicht auf ihn warten.

5. *Zeigen Sie dem Alkoholkranken nicht Ihre Angst.* Dieser Vor-schlag funktioniert ähnlich wie der vorige. Tun Sie so, als ob die Drohungen und Manipulationsversuche Ihres Partners keine Wirkung auf Sie hätten. Wenn er zum Beispiel andeutet, daß er Sie verlassen will, sollten Sie ihn nicht merken lassen, daß Sie ohne ihn nicht auskommen können. Wenn er droht, sich umzu-bringen, sollten Sie nur vorsichtig reagieren und ihn nicht hät-scheln. Sagen Sie lieber: „Das wäre schade, aber die Entschei-dung liegt bei dir. Dein Leben ist mir viel wert, aber ich kann dich nicht zum Leben zwingen. Es liegt allein in deiner Hand."
Selbst wenn der Alkoholkranke Ihr Leben bedroht, ist es mög-lich, besonnen zu antworten. Ich will damit nicht sagen, daß Sie alle Drohungen auf die leichte Schulter nehmen sollten. Aber wenn Sie sich zuversichtlich und ruhig verhalten, wird Ihr Part-ner Sie mehr und mehr respektieren, und solche Angriffe wer-den seltener. Wenn Sie aber sitzen wie ein Kaninchen vor der Schlange, wird er erst recht nicht aufhören.
„So tun als ob" bedeutet nicht, daß Sie dumm wären oder sich etwas einreden und die Wirklichkeit verleugnen. Sie verändern damit aber Ihre Situation. Drohungen sind gemein und krank-haft, und Sie wollen den Alkoholkranken doch nicht noch ermu-tigen, Sie weiterhin zu demütigen.

6. *Suchen Sie sich eine gute Beschäftigung,* die sowohl Ihren Kör-per als auch Ihren Geist fordert. Sie werden dann weniger mit Ihrer Angst zu tun haben. Räumen Sie den Sorgen nicht zuviel Platz ein. Die Frau, die in Sprüche 31, 10-31 beschrieben wird, scheint zu perfekt, um wahr zu sein. Fest steht jedoch: Sie arbei-tete viel zuviel, um noch Zeit für Sorgen zu haben.
Wenn Sie so handeln, könnten Sie ähnliche Erfahrungen machen wie Brigitte. Eines Abends nahm sie sich vor, sich nicht länger darüber zu sorgen, wo ihr Mann sein könnte. Statt dessen räumte sie die Wohnung auf. Als Dieter Stunden später nach Hause kam, dachte sie: „Nanu, er ist ja schon zurück!"

7. *Treiben Sie Sport,* um Ihre innere Spannung abzubauen. Angst, Sorgen und Kummer sind auch für Ihren Körper schädlich. Sie können körperliche Anspannung und Verkrampfung abbauen, indem Sie sich sportlich betätigen. Wie Sie das tun, ist völlig

egal. Sie können joggen, schwimmen, radfahren – Hauptsache, Sie verschaffen sich regelmäßig körperliche Bewegung. Auch Meditation und autogenes Training können hilfreich sein.

8. *Ernähren Sie sich gesund.* Stellen Sie Ihre Ernährung auf gesunde Kost um. Vermeiden Sie zu viel Fleisch, Zucker und Koffein. Auch das wird Ihr allgemeines Wohlbefinden heben.

## Wurzeln der Angst: falsche Denkmuster

Wenn Sie einmal damit begonnen haben, Ihre Ängste Gott zu übergeben, wird er Ihnen vielleicht einige Denkmuster aufzeigen, die Ihnen viele unnötige Sorgen bereitet haben. Hier einige Beispiele:

### 1. Sie denken, Sie seien für alles verantwortlich

Angst und Furcht rühren oft daher, daß Sie sich für etwas verantwortlich fühlen, was eigentlich gar nicht Ihre Sache ist. Erinnern Sie sich daran, daß Sie andere nicht überwachen können und deshalb auch nicht für ihr Handeln vor Gott verantwortlich sind. Wenn Sie dauernd meinen, Sie müßten etwas tun, das Sie gar nicht tun können, dann ist es kein Wunder, wenn Sie manchmal denken, Sie würden verrückt. Ehepartner von Alkoholkranken neigen häufig zur Überverantwortung, nicht nur in bezug auf den Alkoholkranken, sondern auch auf andere.

### 2. Sie übernehmen zuviele Pflichten

Ihr übersteigertes Verantwortungsbewußtsein hat dazu geführt, daß Sie mehr Aufgaben übernommen haben, als Sie eigentlich wahrnehmen können. Ihre Angst rührt vielleicht auch daher, daß Sie versuchen, die Arbeit von dreißig Stunden an einem einzigen Tag zu erledigen. Ist es vielleicht auch bei Ihnen so, daß Sie berufstätig sind, das Haus in Ordnung halten, die Kinder versorgen, in der Gemeinde mitarbeiten, sich um ältere Verwandte kümmern und nebenbei noch eine ehrenamtliche Tätigkeit haben? Fragen Sie Gott, was er von Ihnen getan haben will. Alles andere können Sie getrost an den Nagel hängen, Sie schaffen sowieso nicht alles.

## 3. Falschverstandene Liebe

Die Bibel sagt: „Vollkommene Liebe treibt die Furcht aus" (1. Johannes 4, 18). Vollkommene Liebe heißt nicht, daß ich von meinen Angehörigen verlange, sich nach meinem Willen zu richten. Das zeigt das Beispiel Jesu. Er zeigte seinen Zuhörern, wie sie das Leben in seiner ganzen Fülle erfahren konnten, hat sie aber nie zu etwas genötigt. Er weinte über sie und opferte sich für sie (und uns) auf, tat aber nichts für sie, das sie für sich selbst tun konnten.

## 4. Sie versuchen, drei Tage auf einmal zu bewältigen

Sich zu sorgen im Rückblick auf die Vergangenheit und noch mehr im Blick auf die Zukunft, ist überflüssig. Man kann immer nur einen Tag nach dem anderen leben. Dieser Gedanke hat seinen Ursprung in der Bibel. Jesus sagt: „Sorgt nicht um morgen, denn der morgige Tag wird für das Seine sorgen. Es ist genug, daß jeder Tag seine eigene Plage hat" (Matthäus 6, 34). Dies bedeutet nicht, daß wir keine Pläne für die Zukunft machen sollen, weil Jesus auch gesagt hat, wir sollten die Kosten überschlagen von dem, was wir planen (Lukas 14, 28-30). Vielmehr wird uns geboten, uns keine unnötigen Gedanken über künftige Schwierigkeiten zu machen, von denen wir nicht wissen, ob sie jemals eintreten.

Jemand sagte einmal: „Wenn du zehn Schwierigkeiten die Straße herunterkommen siehst, werden neun davon im Graben landen, bevor sie bei dir sind." Über wieviele Dinge, die letztlich nicht eintrafen, haben Sie sich schon im voraus Sorgen gemacht? Und wenn sie doch eintraten, hat Ihnen Ihre Besorgnis genützt?

Der einzige Tag, der wirklich existiert, ist der heutige. Es liegt bei uns, ihn als Geschenk anzunehmen und das Beste daraus zu machen. Die Vergangenheit kann nicht geändert werden. Wenn Sie etwas aus der Vergangenheit bereuen, dann nehmen Sie dafür Gottes Vergebung in Anspruch. Haben Sie jemanden verletzt, dann versuchen Sie, es wieder gutzumachen, und lassen Sie die Sache dann hinter sich. Das Heute zählt, nicht das Gestern oder das Morgen.

## 5. Angst vor dem, was andere denken

Die Angst vor dem, was andere denken, führt oft dazu, daß man Alkoholprobleme in der Familie leugnet. Wenn Sie in dieser Haltung verharren, kann sich Ihre Situation nicht ändern. Denken Sie deshalb nicht so viel an andere. Nehmen Sie sich statt dessen vor, nach Gottes Maßstäben zu leben. Dann brauchen Sie vor niemandem mehr zu schauspielern, um ihm zu gefallen, und brauchen sich auch nicht um Ihren Ruf zu kümmern. Und wenn Sie manchmal mißverstanden werden, dann erinnern Sie sich an Gottes Versprechen: „Wie ein Vogel dahinfliegt und eine Schwalbe enteilt, so ist ein unverdienter Fluch: er trifft nicht ein" (Sprüche 26, 2).

## Gottesfurcht

„Wie kann Gott helfen, meine Furcht zu überwinden, wo wir doch in der Bibel ermahnt werden, Gott zu fürchten?" mögen Sie fragen. Wichtig ist, daß Sie die Bedeutung dieses Wortes im Sinn der Bibel verstehen. Fürchten heißt soviel wie achten oder ehren. Solche Gottesfurcht schützt Sie davor, Menschen zu fürchten. Wenn Sie Gott „fürchten" und gleichzeitig seine Liebe erfahren, werden Sie keinen größeren Wunsch mehr haben, als ihm die Kontrolle über Ihr Leben zu übergeben. Wovor sollten Sie sich dann noch fürchten?

*Zum Nachdenken über ...*

... Furcht: Psalm 27; Sprüche 3, 5.6; Jesaja 41, 10-13; 2. Timotheus 1, 7; 1. Johannes 4, 16-18.
... das Leben für jeweils nur einen Tag: 2. Mose 16, 1-31; Psalm 68, 20; Matthäus 6, 11.25-34; Jakobus 4, 13-15.

# Kapitel 9:
## Rechnen Sie mit Gottes Hilfe

*„Verlaß dich auf den Herrn von ganzem Herzen, und verlaß dich nicht auf deinen Verstand, sondern gedenke an ihn in allen deinen Wegen, so wird er dich recht führen" (Sprüche 3, 5.6).*

Vielleicht sagen Sie jetzt: „Gut, ich werde mich dem Alkoholismus stellen. Ich weiß, daß ich bei mir einiges ändern muß. Aber das ist alles so schwer, ich habe Angst und fühle mich alleingelassen. Und man fällt so schnell in alte Gewohnheiten zurück."

Ich weiß, daß es für Sie allein zu schwer ist, aber Gott will Ihnen helfen. Sie mögen sagen: „Ich glaube an Gott. Aber ich kann mir nicht vorstellen, was das mit meinen täglichen Problemen zu tun hat." Vielleicht wissen Sie noch nicht, daß Glaube mehr ist, als bestimmte Wahrheiten anzuerkennen. Glaube ist eine persönliche Beziehung zu Gott. Er hat uns so geschaffen, daß wir nur dann tiefe innere Erfüllung erleben, wenn wir in enger Verbindung mit ihm leben. Doch das können wir nicht ohne weiteres. Denn zwischen uns und Gott steht die Sünde. Sie trennt uns von Gott. Wie kann diese Trennung überwunden werden? Gott hat eine Möglichkeit dazu geschaffen: Jesus Christus, Gottes Sohn, ist gekommen, um unsere Sünde zu tragen und die Strafe dafür auf sich zu nehmen. Dafür ist er am Kreuz gestorben. Deshalb vergibt uns Gott unsere Sünde, wenn wir ihn darum bitten. Dann steht nichts mehr zwischen ihm und uns, und dann erleben wir tiefe innere Befriedigung. Wenn Sie solch eine persönliche Beziehung zu Gott noch nicht kennen, können Sie ihn bitten: „Vater im Himmel, ich möchte mit dir leben. Bitte vergib mir meine Sünde, die mich von dir trennt. Ich will von jetzt an dir gehören und mit dir leben." Gott wird Ihnen auf dieses Gebet antworten. Und Sie werden beginnen, seine Hilfe in Ihrem Alltag zu erleben und ihm zu vertrauen.

Aber was ist Vertrauen? Wie können wir es lernen und erhalten, wo wir doch weiterhin mit dem Chaos leben müssen, die der Alkoholismus mit sich bringt? Auf Gott zu vertrauen bedeutet, damit zu rechnen, daß er immer mit uns sein wird (vgl. Matthäus 28, 20), und daß wir unser Leben nicht allein bewältigen müssen. Vertrauen ist die Gewißheit, daß wir uns auf Gottes Versprechen verlassen können und ihm das anvertrauen können, worum wir uns sorgen: uns selbst, unsere Angehörigen und das Chaos unseres Alltags.

Glaube hat auch das ewige Leben im Blick (vgl. Titus 1,2), denn Gottes Perspektive reicht weiter als unsere. Wir leben nicht nur für heute, sondern auch für die Zukunft. Nach den Worten des Hebräerbriefes „... ist der Glaube eine feste Zuversicht auf das, was man hofft, und ein Nichtzweifeln an dem, was man nicht sieht" (11, 1).

Vielleicht fragen Sie noch: „Was aber, wenn ich wieder Fehler mache und in mein altes Verhalten zurückfalle?" Gott macht seine Zusagen nicht von Ihrer Unfehlbarkeit abhängig. Die Lebensgeschichte Davids im 2. Buch Samuel beweist das. Obwohl er sich oft versündigte, hat ihm Gott immer wieder vergeben, wenn er seine Schuld bereute. So will Gott auch Ihnen immer wieder vergeben.

So wie eine enge Beziehung zwischen zwei Menschen muß auch Ihr Glaube wachsen. Das geschieht zum Beispiel, wenn Sie sich mit der Bibel befassen. Je besser Sie Gott aus seinem Wort kennenlernen, je mehr wächst Ihr Glaube. Auch wenn Sie das, was Sie erkannt und erlebt haben, anderen weitergeben, wird Ihr Glaube gestärkt. Vielleicht hilft Ihnen auch, wenn Sie einen Hauskreis besuchen, wo man über die Bibel spricht und gemeinsam betet. Je mehr Sie nach der Wahrheit suchen, desto mehr wächst Ihr Glaube, und desto leichter fällt es Ihnen, anderen davon zu erzählen.

Sogar Ihre Probleme können dazu beitragen, daß Ihr Glaube wächst (vgl. Jakobus 1, 2-7; 1. Petrus 1, 6.7). Denn sind es nicht oft gerade Ihre Probleme, die Sie dazu bringen, sich an Gott zu wenden? Deshalb kann jedes Problem, auch eine schwierige Ehe oder Familienbeziehung, eine Chance zum Wachstum und zur Festigung Ihres Glaubens werden.

Oder haben Sie schon vor langer Zeit Ihr Leben Gott übergeben, aber Ihre Beziehung zu ihm ist eingeschlafen? Dann ist jetzt die beste Zeit, zu ihm zurückzukehren. Was auch geschah, Gottes Gnade kennt keine Grenze. Er freut sich, wenn Sie zurückkommen.

# Was Gott für Sie tun will

Gott wird Ihnen nicht nur helfen, Ihre Ängste zu überwinden. Er will auch Ihre Beziehung zu ihm immer mehr vertiefen und Ihnen besondere Begabungen schenken, die es Ihnen ermöglichen, anderen zu helfen und sie zu ermutigen.

Sie werden entdecken, daß Ihr Glaube wächst, je mehr Sie sich auf Gott verlassen. Wenn Ihr Glaube stark und reif geworden ist, wird kein Problem Sie auf Dauer entmutigen können. Sie werden immer wieder die Nähe Gottes spüren und erleben, daß er Sie vor Bösem bewahrt. Wenn Gott mit Ihnen ist, wird die stärkste Macht des Universums in Ihnen und durch Sie wirken. Im ersten Johannesbrief wird uns zugesichert: „Der in euch ist (Gott), ist größer als der, der in der Welt ist (Satan)" (1. Johannes 4, 4).

Wichtig ist, daß Sie sich auf Gott verlassen und auf nichts anderes. Nur zu leicht verfällt man nämlich wieder in alte Verhaltensmuster und verläßt sich wieder auf sich selbst oder andere:

- Auf die eigene „Fähigkeit", den Alkoholkranken zu heilen;
- die Fähigkeiten des Pastors, Therapeuten oder eines anderen;
- auf eine oberflächliche Veränderung der Lebensumstände, wie zum Beispiel einen Umzug;
- darauf, daß der Alkoholkranke seine Versprechungen einhält.

Solche falschen Hoffnungen werden Ihnen nur eine Enttäuschung nach der anderen bereiten. Darauf werden Sie vielleicht mit Abkapselung und Verhärtung reagieren. Vielleicht versuchen Sie dann wieder, sich zu schützen, indem Sie Ihre Gefühle einfach nicht zeigen, und das isoliert Sie dann nur wieder um so mehr. Doch auch dann ist Gott noch für Sie da. Er wartet nur darauf, daß Sie sich von neuem für ihn öffnen und sich ihm wieder mit all Ihren Problemen anvertrauen.

Gott kann Wunder tun. Das heißt, daß es immer Hoffnung gibt – Hoffnung auf Gottes Eingreifen.

*Zum Nachdenken über ...*

... Glauben und Hoffnung: Psalm 33, 12-22; Römer 5, 1-5; 2. Petrus 1, 5-9.

# Kapitel 10:
# Handeln Sie im Vertrauen auf Gottes Hilfe

*„Jage nach der Gerechtigkeit, der Frömmigkeit, dem Glauben, der Liebe, der Geduld, der Sanftmut! Kämpfe den guten Kampf des Glaubens; ergreife das ewige Leben, wozu du berufen bist"* *(1. Timotheus 6, 11.12).*

Glaube ist kein untätiges Herumsitzen. Wahrer Glaube zeigt sich in Taten. Glaube wird zu liebevollem Handeln.

Der Brief des Jakobus zeigt viel davon, wie sich der Glaube in Taten offenbart. Jakobus schreibt: „Der Glaube, wenn er nicht Werke hat, ist tot in sich selber" (Jakobus 2, 17).

Was aber sind solche „Werke"? Es ist das, was wir tun, um anderen unsere Liebe zu zeigen und ihren Bedürfnissen entgegenzukommen. Dabei kann es sich sowohl um Materielles als auch um Geistliches handeln. Das heißt natürlich nicht, daß wir jeden Wunsch erfüllen. Wenn zum Beispiel Ihr kleiner Sohn auf einer Hauptstraße spielen will, werden Sie das nicht zulassen. Denn damit hätten Sie zwar seinen Wunsch erfüllt, aber bestimmt nichts Gutes für ihn getan.

## Üben Sie feste, konsequente Liebe

Die Liebe, die sich in guten Werken zeigt, kann manchmal ziemlich hart erscheinen. Dann nämlich, wenn Sie sich nicht von den Wünschen und Vorstellungen der betreffenden Person leiten lassen, sondern von dem, was wirklich gut für sie ist. Wenn Sie es also einem Alkoholkranken leicht machen, sich weiter zugrunde zu richten, indem Sie ihm alle Verantwortung für sein Handeln abnehmen, dann tun Sie damit kein „gutes Werk", denn dann handeln Sie keinesfalls zu seinem Besten. Mit allem, was dem

Alkoholkranken das Weitertrinken ermöglicht, tragen Sie ja zu seinem Ruin bei. Natürlich wird der Alkoholkranke nicht besonders glücklich darüber sein, wenn Sie sein Suchtverhalten nicht mehr unterstützen. Dennoch ist dies eine wirklich liebevolle Haltung.

Nehmen wir einmal an, Michaelas Mann, der bereits ziemlich betrunken ist, bittet sie, ihm noch eine weitere Flasche zu besorgen. Oberflächlich betrachtet, mag diese Besorgung wie eine gute Tat aussehen. „Damit kann ich ihn wenigstens davon abhalten, sich ins Auto zu setzen und selber zum Supermarkt zu fahren", sagt sie sich vielleicht, „und außerdem kann ich ihm damit zeigen, daß ich ihn mag und mich um ihn kümmere."

Doch tut Michaela damit ihrem Mann wirklich einen Gefallen? Ist es nicht eher so: Wieder werden ein paar Mark mehr für Schnaps ausgegeben. Er wird noch mehr betrunken. Er ist sich bewußt, daß es unfair war, Michaela dazu zu nötigen, gegen ihre Prinzipien zu verstoßen, und deshalb wird er noch mehr Respekt vor ihr verlieren.

Michaela hätte ihre Motive besser prüfen sollen. Ist sie wirklich aus Liebe losgefahren oder wollte sie bloß einen Wutausbruch ihres Mannes vermeiden? Oder wollte sie vielleicht nur ein paar Pluspunkte für ihren Märtyrerkomplex?

Ein anderes Beispiel: Robert hat sich dazu entschlossen, zusammen mit einer Beraterin und den Familienangehörigen seiner Frau Tanja offen gegenüberzutreten, um sie auf ihr Alkoholproblem aufmerksam zu machen. Aber er hat dabei ein schlechtes Gewissen. Schließlich plant er die Konfrontation hinter Tanjas Rücken, was sie sehr verletzen wird, auch wenn es dabei um Tatsachen geht. Er überredet sogar andere Verwandte und Freunde, bei der „Konfrontation" mitzumachen. Das alles passe gar nicht zu seiner Aufgabe, als guter Ehemann seine Frau zu beschützen, denkt er.

Beachten wir seine Motive. Robert liebt seine Frau und will, daß sie vom Alkohol loskommt. Er will ihre Ehe retten und eine gesunde Familie aufbauen. Obwohl er sich schlecht dabei fühlt, weiß er doch, daß er aus Liebe handelt, weil das, was er tut, seiner Frau zum Besten dient.

Es scheint paradox, daß unsere Unterordnung unter Gottes Willen es sogar erforderlich machen kann, einen uns nahestehenden Menschen zunächst einmal ganz aufzugeben, genau wie der Vater im Gleichnis vom verlorenen Sohn seinen Sohn ins Unglück laufen ließ, als der das unbedingt wollte (Lukas 15,11-32). Deshalb hindert zum Beispiel Erika ihren Mann nicht daran, in seine Stammkneipe zu gehen und sich dort vollaufen zu lassen. Michaela muß den Mut aufbringen, nicht loszufahren und Schnaps zu kaufen, wenn ihr Mann sie darum bittet. Robert hat zwar Angst, daß Tanja bei der Konfrontation so in Rage gerät, daß sie ihn verläßt. Aber aus Liebe zu ihr hält er an seinem Plan fest. Liebe kann risikoreich sein. Aber wer darauf vertraut, daß Gott letztlich alle Dinge in der Hand hat, kann solche Risiken eingehen.

## Sie können Gott näherkommen

Wenn Sie in Verbindung mit Gott leben, haben Sie das ganz natürliche Bedürfnis, ihn immer näher kennenzulernen, und Sie werden sich deshalb häufig mit der Bibel befassen. Doch auf diese Weise Gott und seinen Willen immer besser verstehen zu lernen und immer mehr Bibelwissen zu erlangen, genügt allein nicht. Sie müssen Ihren Glauben auch in die Tat umsetzen. Vielleicht ist es auch bei Ihnen so, daß Sie sich zu manchen Zeiten auf soviel Wissen stürzen wie möglich, sei es aus der Bibel, aus Büchern, Predigten oder Seminaren. Wenn Sie aber darüber vergessen, das Gelernte auch in Ihrem Alltag zu verwirklichen, werden Sie viele Enttäuschungen erleben. Es ist, als versuchten Sie abzunehmen, indem Sie stapelweise Diätbücher verschlingen (wie ich es früher tat).

Wenn Sie also auf eine Bibelstelle stoßen, die Sie anspricht, sollten Sie sich auch Gedanken darüber machen, welche konkrete Änderung in Ihrem Leben jetzt an der Reihe ist.

Auch durch das Gebet können Sie Gott immer näherkommen. Dabei ist Beten nicht als Monolog zu verstehen, in dem Sie alle Ihre Wünsche Gott vortragen. Wenn Sie beten, will Gott auch zu Ihnen sprechen. Deshalb ist es wichtig, zum Beten eine ruhige Stunde zu wählen, etwa den frühen Morgen, weil Sie dann ungestört sind und in Ruhe mit Gott reden und auf ihn hören können. Meiner Erfahrung nach ist der Abend, wenn ich schon im Bett liege, weniger dazu geeignet, weil ich dann einfach zu leicht einschlafe. Sie können darüber hinaus zu jeder beliebigen Zeit beten, etwa wenn Sie Auto fahren, irgendeine anspruchslose Tätigkeit verrichten, wie zum Beispiel Fensterputzen oder ähnliches, oder wenn Sie irgendwo warten. Vielleicht ist es für Sie auch hilfreich, mit einem anderen zusammen zu beten, besonders mit jemandem, der bereits mehr Erfahrung im Glauben hat als Sie.

Sie möchten wissen, wie Sie beten können? Ich will es Ihnen anhand eines Beispiels erklären.

Stellen Sie sich vor, ein kleines Mädchen geht zu seinem Vater, der eben von der Arbeit nach Hause gekommen ist, um ihm zu erzählen, was es an diesem Tag alles erlebt hat. Vielleicht hatte der Vater, bevor er morgens wegging, eine kleine Überraschung auf den Frühstücksteller seiner Tochter gelegt. Das Kind hat sich darüber gefreut und bedankt sich nun. Vielleicht hat es sich auch an diesem Tag schlimm mit seinen Geschwistern gestritten. Darüber spricht es nun mit seinem Vater, und der Vater hilft ihm, auch die anderen zu verstehen und sich wieder mit ihnen zu vertragen. Und dann ist dem Mädchen auch noch seine Lieblingstasse heruntergefallen und in tausend Stücke zersprungen. Es erzählt seinem Vater, wie traurig es darüber ist, und er verspricht, ihr eine neue Tasse zu kaufen.

So vertrauensvoll, wie dieses Kind mit seinem Vater spricht, können Sie mit Gott sprechen. Das ist Gebet. Da gibt es vielleicht Dinge, über die Sie sich gefreut haben, und für die Sie Gott danken möchten. Vielleicht ist Ihnen beim Lesen in der Bibel neu bewußt geworden, was für ein großes Geschenk es ist, daß Gott Sie als sein Kind angenommen hat. Oder Ihnen ist klargeworden, daß Sie an jemand anderem schuldig geworden sind? Sprechen Sie mit Gott darüber. Sagen Sie ihm, daß es Ihnen leid tut, und bitten Sie ihn um Vergebung. Vielleicht merken Sie dann, daß Gott möchte, daß Sie auch diesen Menschen um Verzeihung bitten. Dann tun Sie es!

Auch wenn jemand Sie verletzt hat, können Sie mit Gott darüber sprechen. Sie dürfen sich sogar richtig bei ihm ausweinen. Er versteht Sie und will Sie trösten und Ihnen helfen, dem anderen zu vergeben. Gott will auch an Ihren Sorgen teilhaben. Sagen Sie ihm, wie chaotisch Ihr Leben ist, daß Sie manchmal nicht wissen, wie Sie noch genügend Geld für Lebensmittel aufbringen sollen, wie

Sie sich um Ihre Kinder sorgen. Gott wird es auch nicht leid, wenn Sie ihm das immer und immer wieder sagen und ihn um Hilfe bitten. Beten Sie auch für den Alkoholkranken in Ihrer Familie. Sagen Sie Gott ganz konkret, was Sie von ihm erhoffen, zum Beispiel: „Bitte schenk doch, daß mein Mann sich endlich eingesteht, daß er sein Trinken nicht mehr unter Kontrolle hat." Oder: „Ich bekomme es einfach nicht fertig, fest zu bleiben, wenn mein Mann mich um Geld für Schnaps anbettelt. Bitte hilf mir doch dabei." Gott hat versprochen, Ihnen zu helfen und auf Ihre Bitten zu antworten (Lukas 11, 9. 10).

Wenn Sie erleben, wie Gott in Ihren Alltag eingreift, dann danken Sie ihm dafür. Sie werden merken, wie Ihr Vertrauen auf Gott so immer mehr zunimmt.


*Zum Nachdenken über ...*

... den Glauben: Sprüche 3, 5.6; Matthäus 8, 5-13; Lukas 8, 40-56.
... Gottes Versprechen: Psalm 37, 3-5; Matthäus 7, 7-12; 11, 28-30.
... Gebet: Matthäus 6, 5-15; Markus 11, 24; 1. Thessalonicher 5, 16-18; Jakobus 5, 13-16.

# Teil IV:
# Freiheit statt Gebundenheit

## Kapitel 11:
## Loslassen und Frieden finden

*„Großen Frieden haben, die dein Gesetz lieben; sie werden nicht straucheln" (Psalm 119, 165).*

Haben Sie auch Schwierigkeiten mit Bibelstellen, die vom Frieden Gottes handeln? „Wie könnte ich jemals Frieden haben, wenn mein Leben so unauflöslich mit jemandem verflochten ist, der von Frieden nichts wissen will?" fragen Sie vielleicht.

Ich verstehe Sie gut. Die ständigen Streitereien mit einem Alkoholkranken zehren an den seelischen Kräften. Wenn es dann zu einer Krise kommt, sind alle Kraftreserven verbraucht. Möglicherweise fühlen Sie sich wie in einer Falle gefangen, obwohl Sie immer noch Liebenswertes an dem Alkoholkranken finden. Könnte es sein, daß Sie sich so sehr an ihn gebunden haben, daß dies beinahe schon an Abhängigkeit grenzt?

Denken Sie nur an die Schlagertexte, die täglich im Radio zu hören sind: „O Liebling, ich kann nicht ohne dich leben. Ohne dich bin ich nichts, und wenn du mich jemals verläßt, werde ich sterben." Diese Einstellung macht aus Liebe einen Götzendienst. Manchmal scheint sie zu Gemeinheiten dem Partner gegenüber geradezu herauszufordern. Und doch wird diese sogenannte Liebe in unserer westlichen Welt förmlich verklärt.

In Wirklichkeit hat es nichts mit echter Liebe zu tun, wenn man dem Partner so viel Macht über seine Gefühle einräumt. Es liegt an Ihnen, wieviel Einfluß der Alkoholkranke auf Ihre Gefühle hat. Sie können und müssen diesen Einfluß auf ein Maß reduzieren, mit dem Sie besser leben können. Diesen Prozeß nennt man Loslösung.

Loslösung heißt nicht, daß Sie sich nicht mehr um Ihren Partner kümmern sollen. Vielmehr bedeutet es, daß Sie sich nicht mehr so übermäßig in seine Angelegenheiten einmischen und seine Probleme nicht mehr zu Ihren machen. Sie geben ihm ein angemessenes Maß an Zuwendung und Zeit, aber nicht mehr.

Denken Sie einmal an Mitglieder in einer gesunden, „normalen" Ehe oder Familie. Machen die sich ständig Sorgen um ihre Lieben? Fragen sie sich bei jeder Handlung oder Äußerung eines anderen, was das wohl bedeuten könne? Selbstverständlich nicht! Sie leben ungezwungen ihr eigenes Leben, wenn sie dabei natürlich auch aufeinander Rücksicht nehmen. Auch Sie können so leben.

Sie mögen jetzt sagen: „Das hört sich ja ganz gut an, aber normale Leute sind in ihren Beziehungen untereinander ja auch viel sicherer als ich. Sie haben ja nicht so viel durchmachen müssen wie ich." Ja, das stimmt. Aber auch Sie können normaler leben, als Sie es jetzt tun. Machen Sie sich das jeden Tag neu bewußt.

## Wie sich Co-Abhängigkeit entwickelt

Machtspiele und gegenseitige Manipulation gehören zur Alkoholkrankheit dazu. Sie bringen Gedanken und Tatkraft der Familienmitglieder so durcheinander, daß alle nur noch auf den Alkoholiker fixiert sind und ihm so das Trinken weiterhin ermöglichen.

Viele Alkoholabhängige machen sich den Ehepartner und die anderen Familienmitglieder durch Einschüchterungen und Wutausbrüche gefügig. Diese Schikanen wirken zwar auch bei Kindern und Eltern des Abhängigen. Doch bei Ehefrauen funktionieren sie besonders gut, weil Frauen in unserem Kulturkreis so geprägt sind, daß sie ihrem Ehemann gefallen möchten. Deshalb versuchen viele, alles zu tun, was ihre Männer von ihnen wollen. So vermeiden sie deren Wutausbrüche und Mißhandlungen. Weil aber die Wünsche des Alkoholkranken – wie übrigens auch die jedes anderen Menschen – unberechenbar sind, wird es immer schwieriger, ihn zufriedenzustellen. Die Familienmitglieder versuchen es dennoch weiter in der Hoffnung: „Wenn ich nur seine Wünsche erfüllen kann, hört er vielleicht auf zu trinken."

Außerdem macht sich der Alkoholkranke die Angst und die Schuldgefühle seiner Familie zunutze. Es wird zum ungeschriebenen Gesetz, daß sein Wunsch zugleich Befehl ist. Alles dreht sich nur noch darum, den Abhängigen bei Laune zu halten.

Keiner kann mehr Pläne machen, denn zu oft müssen sie plötzlich wieder geändert werden, je nachdem, was der Alkoholkranke gerade will. Seine Einstellung sieht so aus: „Ich mache, was mir gefällt, und ihr macht auch, was mir gefällt!"

Wenn der Vater und Ehemann Alkoholiker ist, geht seine Vormachtstellung weit über das Maß hinaus, das Gott ihm als Haupt der Familie zugedacht hat. Gott hat gewollt, daß ein Mann seine Familie liebevoll und aufopferungsbereit führt. Er will keine Tyrannei, bei der sich der Mann verhält, als sei er ein kleiner Gott.

Kinder entwickeln ihre eigenen Verhaltensmuster, um in dem Chaos einer Alkoholikerfamilie zu überleben. Sie versuchen entweder, perfekt zu sein, oder entwickeln sich zum „Familienkasper", der durch seine Witze kritische Situationen zu entschärfen versucht. Manche ziehen sich völlig von der Familie zurück, werden fast unsichtbar. Wieder andere werden extrem rebellisch, sie fangen selbst an zu trinken oder andere Drogen zu nehmen oder werden vielleicht straffällig. Auch sie brauchen spezielle Hilfe.

Schuld- und Angstgefühle dem Alkoholkranken gegenüber können einen zu den seltsamsten Verhaltensweisen bringen. Dann zählt nur noch, daß der Alkoholabhängige irgendwie zufriedengestellt wird. So hatte David, Connies Mann, ihr gesagt, er trinke nur, weil ihm das Essen nicht gut genug sei. Als Antwort darauf hatte sie jetzt stets eine gute Mahlzeit bereit, wenn er hungrig war. Wie ein Despot bestimmte David nun den Zeitpunkt für das Essen. Außerdem mußte immer etwas nach seinen Launen geändert werden. War der Braten halb fertig und wollte David doch lieber Kotelett, konnte Connie noch einmal von vorne anfangen. Oder wenn er plötzlich auswärts essen wollte, hatte sie umsonst gekocht.

Was meinen Sie, haben Connies Bemühungen David dazu gebracht, weniger zu trinken? Wohl kaum. Für ihn gab es immer noch genügend andere Gründe, weiterhin zu trinken.

Ein Ehemann wie David tut alles, was er kann, um seine Frau zu verunsichern. Er flirtet vielleicht mit anderen Frauen oder droht während eines Streits, wegzugehen und nie mehr zurückzukommen. Oder er bauscht die Fehler seiner Frau auf, damit sie sich minderwertig und fehl am Platze fühlt. Im Gegensatz dazu wird ein normaler Ehemann wollen, daß seine Frau sich als wertvoll empfindet und sich sicher und geliebt fühlt.

Manchmal behandelt der dominierende Ehemann seine Frau aber auch wie eine Königin. Ohne einen bestimmten Grund kauft er ihr ein teures Geschenk, lobt sie und sagt: „Es ist einfach wundervoll, wie du dich für mich aufopferst." Damit bindet er sie natürlich nur desto fester an sich. Sie denkt: „Er liebt und schätzt mich wirklich." Trotzdem ist sie in ihrem Innersten nicht zufrieden. Sie möchte, daß Ihr Mann sie für das achtet, was sie ist, und nicht, weil sie sich für ihn aufopfert.

So läuft es, wenn der Alkoholkranke der beherrschende Partner ist. Manchmal ist aber auch der Ehepartner mit dem ruhigeren Temperament alkoholabhängig, und dann liegen die Dinge anders. Der Alkoholkranke verheimlicht seine Sucht dann besser. Viele alkoholkranke Hausfrauen verstecken ihre Vorräte in Reinigungsmittel- oder Medizinflaschen und sparen anderswo Geld ein, um ihren Konsum zu vertuschen.

Auch wenn der Alkoholkranke von Natur aus zurückhaltend und gutmütig ist, denkt die Ehefrau oft, daß sie allein die Verantwortung für die ganze Familie trägt. Dabei ist auch sie fest auf ihren Mann fixiert. Sie übernimmt seine Pflichten, er hingegen spielt den „bösen Buben", der gegen seine „strenge Mutter", als die er seine Frau empfindet, aufbegehrt, so zum Beispiel, indem er sich betrinkt oder Flaschen versteckt. Wenn sie sich dann ärgert und ihn ausschimpft, fühlt er sich desto mehr im Recht ihr gegenüber.

In fast allen Alkoholikerfamilien gibt es verzerrte Vorstellungen darüber, wer wofür verantwortlich ist. So gibt zum Beispiel Daniel seiner Frau Margret jeden Monat sein ganzes Gehalt. Sie, die Nüchterne, soll die Rechnungen bezahlen und den Rest des Geldes verstecken, damit er es nicht vertrinken kann. Wenn er das Geld findet und vertrinkt, dann ist das ihre Schuld (so denken beide), schließlich hat sie es nicht gut genug versteckt.

## Loslassen – aber wie?

Wie kommt man aus solchen verdrehten Vorstellungen und Verhaltensmustern heraus? Dabei kann Ihnen ein Gebet helfen: „Gott, gib mir die Gelassenheit, die Dinge hinzunehmen, die ich nicht ändern kann, den Mut, die Dinge, zu ändern, die ich ändern kann, und die Weisheit, das eine vom anderen zu unterscheiden."

In diesem Gebet steckt eine tiefe Wahrheit. Zu dem, was Sie nicht ändern können, gehört auch die Entscheidungsfreiheit des Alkoholkranken. Wenn Sie den freien Willen Ihres Partners nicht akzeptieren, können Sie keine gesunde Beziehung zu ihm haben.

Wenn Sie nicht für jemand anderen entscheiden können, darf Sie auch niemand für dessen Handeln verantwortlich machen. Offensichtlich wurde dies nicht verstanden, als jemand Ihnen sagte: „Dieter benimmt sich wieder schrecklich daneben. Tu doch etwas dagegen!" Wirkliche Annahme des anderen bedeutet zu wissen, wo die eigene Verantwortlichkeit beginnt und wo sie aufhört.

Wir sollen nicht nur hinnehmen, was wir nicht ändern können. Weiter heißt es: „Gib mir den Mut, die Dinge zu ändern, die ich ändern kann." Zu dem, was Sie ändern können, gehört Ihre Reaktion auf Ihre Lebensumstände. Sie sind für Ihr Leben verantwortlich, einschließlich Ihrer Gedanken. Ihr Lebensglück hängt weder von Ihrem Partner noch von sonst jemandem ab. Sie sind auch nicht egoistisch, wenn Sie etwas für Ihr eigenes Glück tun. Sie müssen nicht im Elend des Alkoholkranken mit untergehen.

Das Gebet schließt mit der bedeutenden Bitte um „Weisheit, das eine von dem anderen zu unterscheiden". Sie brauchen viel Weisheit, um zu erkennen, wofür Sie verantwortlich sind und wofür nicht. Etwas loszulassen, was Sie nicht ändern können und wofür Sie deshalb auch nicht verantwortlich sind, heißt nicht, die Hoffnung aufzugeben. Es heißt vielmehr, daß Sie sich bewußt aus allem heraushalten, was Sie ohnehin nicht ändern können, und dann dies alles Gott übergeben. Er kann auch in die aussichtslosesten Situationen eingreifen und Lösungen schenken.

Loslassen heißt, sich nicht mehr gefühlsmäßig in das Chaos hineinziehen zu lassen, das der Alkoholkranke verursacht. Loslassen heißt, nicht weiterhin auf den Partner fixiert zu sein, sondern eigene Entscheidungen zu treffen. Ich habe selbst erfahren, daß das nicht leicht ist, besonders in der Hitze einer Krise – wenn der Alkoholkranke zum Beispiel das Auto zu Schrott gefahren, einen wichtigen Termin nicht eingehalten oder sich geschlagene zwei Stunden lang über Ihre Minderwertigkeit ausgelassen hat.

Zu solchen Zeiten hilft Ihnen vielleicht, wenn Sie sich kurz zurückziehen und das oben aufgeführte Gebet sprechen, sich einen Bibelvers oder ein Lied ins Gedächtnis rufen oder sich an das erinnern, was Sie in Ihrer Selbsthilfegruppe gelernt haben. Versuchen Sie auch dann ruhig zu bleiben, wenn der Alkoholkranke oder andere ärgerlich oder wütend sind. Lassen Sie sich von niemandem eine Entscheidung aufzwingen, zu der Sie noch nicht fähig sind. Sagen Sie einfach: „Ich kann darüber jetzt nicht sprechen. Laß mir Zeit, um darüber nachzudenken. Ich werde darauf zurückkommen."

Wenn die Kränkungen des Alkoholkranken Sie wütend machen, sollten Sie daran denken, daß da der Alkohol spricht. Dann werden Sie solche Angriffe auch nicht mehr so persönlich nehmen.

Oder aber Sie drehen sich um und bewundern etwas Schönes in Ihrer unmittelbaren Umgebung: ein Baby, eine Blume, die Wolken am Himmel. Wo Sie auch sind, überall gibt es etwas Schönes.

Das Wichtigste ist jedoch aufzuhören, den Konsum Ihres Partners zu kontrollieren. Wenn Sie ständig verfolgen, wieviel er trinkt, und seine versteckten Flaschen aufstöbern, bleiben Sie weiterhin auf ihn fixiert. Machen Sie sich immer wieder bewußt, daß er nicht einfach ungestraft „davonkommt", wenn Sie nicht wissen, wieviel er trinkt. Früher oder später kommen die Folgen seines Verhaltens von selbst ans Licht.

Loslassen heißt allerdings nicht, zu allem verbittert zu schweigen. Es gibt Zeiten, zu denen Sie besser nichts sagen, und solche, zu denen Sie das Problem offen ansprechen sollten. Loslassen ist einfach nur eine innere Ruhe und Gelassenheit, die einem hilft, in den Krisen des Alltags die richtigen Entscheidungen zu treffen.

Einmal, als ich vor einer Gaststätte im Auto auf meinen Mann wartete – eine Situation, in der ich leicht ärgerlich wurde –, legte ich meinen Kopf zurück und schaute mir an, wie die Sonnenstrahlen durch das dichte Laub eines Ahornbaumes fielen. Dieses Wechselspiel von Licht und Schatten, diese wunderbare Vielfalt von Grüntönen ließ mich vergessen, wie schlecht ich mich eben noch gefühlt hatte. Als jemand herauskam und mich aufforderte, doch mit hineinzukommen und auch „meinen Spaß" zu haben, antwortete ich: „Nein, ich bleibe hier. Ich fühle mich hier wohl." Und das stimmte.

Bei allem sollten Sie sich bewußtmachen, daß Sie, um selbst Freiheit zu erlangen, auch Freiheit geben müssen. Was mich in jener Situation vor der Gaststätte so gelassen machte, war – zumindest teilweise – das Wissen, daß ich jederzeit heimfahren konnte. Mein Mann würde schon eine Möglichkeit finden, um nachzukommen. Dieser Gedanke befreite mich von jeglichem Druck.


## Frieden finden

Worum Ihre Gedanken kreisen, darin liegt ein Schlüssel zu erfülltem Leben. In Philipper 4, 8 heißt es: „Was wahrhaftig ist, was ehrbar, was gerecht, was rein, was liebenswert, was einen guten Ruf hat, sei es eine Tugend, sei es ein Lob – darauf seid bedacht!" Ihre Gedanken unterstehen Ihrem Willen. Wenn Sie sich vornehmen, über Positives nachzudenken, werden Sie Freude und Frieden finden. Sie werden sich dann nicht weiter von einem Problem unterkriegen lassen, über das Sie keine Kontrolle haben.

Wenn Sie sich dagegen an Ihren Problemen festklammern, kann sogar Gott Ihnen kaum helfen. Übergeben Sie sie ihm deshalb, so daß er Sie mit Lösungen überraschen kann, auf die Sie selbst nie gekommen wären. Eines ist sicher: Gott will Ihnen die heitere Gelassenheit schenken, die daraus resultiert, daß wir Dinge loslassen, für die wir ohnehin nicht zuständig sind. Lassen Sie die Probleme los – und nehmen Sie seinen Frieden als kostbares Geschenk an. Denken Sie an das Wort Jesu: „Meinen Frieden gebe ich euch" (Johannes 14, 27).


*Zum Nachdenken über ...*

... Frieden und Freiheit: Psalm 85, 9-11; Sprüche 14, 30; Jesaja 26, 3; 2. Korinther 3, 17; Galater 5, 22.23.

# Kapitel 12:
## Ordnen Sie Verantwortung richtig zu

*„Nur wer sündigt, der soll sterben. Der Sohn soll nicht tragen die Schuld des Vaters, und der Vater soll nicht tragen die Schuld des Sohnes, sondern die Gerechtigkeit des Gerechten soll ihm allein zugute kommen, und die Ungerechtigkeit des Ungerechten soll auf ihm allein liegen" (Hesekiel 18, 20).*

Damit sagt Gott, daß jeder Mensch die Verantwortung für seine Entscheidungen selbst übernehmen und mit den Folgen seines Handelns leben muß. Zeigt unser Handeln gute Ergebnisse, werden wir uns in Zukunft wahrscheinlich ähnlich entscheiden. Sind die Konsequenzen aber weniger erfreulich – werden wir auf die eine oder andere Weise „bestraft" –, dann lernen wir, uns später anders zu verhalten. In jedem Falle lernen wir so aus unserem Handeln.

Dieser natürliche Lauf der Dinge gerät in einer Alkoholikerfamilie allerdings oft durcheinander. Die Angehörigen des Alkoholkranken fangen an, die negativen Konsequenzen des Trinkens auf sich zu nehmen und den Alkoholabhängigen vor dem Schmerz zu schützen, den er durch sein Verhalten selbst verursacht. Wenn das geschieht, kann der Alkoholkranke nicht aus seinen Fehlern lernen. Er erkennt nicht, wie schädlich sein Handeln ist.

Wenn Sie Ihren Partner vor den Folgen seiner Sucht und dem damit zusammenhängenden Schmerz „retten" wollen, mischen Sie sich in Gottes Beziehung zu dem Alkoholkranken ein. Denn Sie verhindern so, daß sein Gewissen richtig funktioniert. Wenn Sie den Schmerz für ihn leiden, hat er keinen Anlaß, sich zu ändern.

Heißt dies nun, daß Sie den Alkoholkranken „bestrafen" müssen, damit er merkt, was er falsch macht? Nein, Sie brauchen lediglich einen Schritt zur Seite zu gehen und den Dingen ihren Lauf zu lassen. Das Wichtigste ist, daß Sie sich nicht einmischen, indem Sie versuchen, den Alkoholkranken zu schützen.

Nehmen wir einmal an, daß Helmut eines Nachts stockbetrunken nach Hause kommt und es nicht mehr ganz bis zum Bett schafft. Er schläft auf der Veranda ein. Seine Frau Julia könnte ihn ins Haus schleppen, ihn ausziehen und ins Bett bringen. Doch das gehört nicht zu dem, was eine Frau für ihren Mann übernehmen sollte. Falls sich Julia so um ihn kümmert, dann ist sie diejenige, die darunter leidet, daß er sich betrunken hat. Und Helmut? Hat er Unannehmlichkeiten, leidet er unter den Folgen seines Verhaltens? Nein! Er wacht morgens in seinem warmen Bett auf, als hätte er sich verantwortungsvoll verhalten. Er wird aus der vergangenen Nacht nichts lernen, was ihn in Zukunft davon abhalten könnte, sich wieder zu betrinken.

Was aber, wenn Julia ihn einfach draußen schlafen läßt? Wenn er dann morgens zu sich kommt, tun ihm seine Knochen weh, er ist schmutzig und naß, und es wird ihm peinlich sein, daß die Nachbarn ihn so da haben liegen sehen. Auf diese Weise erfährt er, was passieren kann, wenn er trinkt. Er wird zwar auf Julia ärgerlich sein, aber das kann sie mit gutem Gewissen zurückweisen. Schließlich war es sein Verhalten, nicht ihres, das dazu geführt hat, daß er draußen übernachten mußte. Auch wenn er sie beschuldigt, hartherzig und lieblos zu sein, hat sie in Wirklichkeit doch in Liebe gehandelt: Sie liebt ihn so sehr, daß sie ihm helfen will, sich zum Besseren zu ändern.

## Was ist feste, konsequente Liebe?

In Kapitel 10 haben wir harte Liebe als Liebe bezeichnet, die für den anderen nur das Beste will. Im täglichen Leben bedeutet dies für Sie, daß Sie Ihren Partner die Konsequenzen seines falschen Handelns selbst erleiden lassen, statt sie auf sich zu nehmen. Sie nehmen sein unannehmbares Verhalten nicht mehr einfach hin, sondern machen ihn dafür verantwortlich.

Klingt das gemein und kalt? Nein, denn es hat nichts damit zu tun, daß Sie den anderen aufgeben oder fallenlassen, und es bedeutet mit Sicherheit auch nicht, daß Sie sich nicht mehr darum kümmern, was mit ihm geschieht. Vielmehr bedeutet es, daß Sie sich so sehr um Ihren Partner sorgen, daß Sie ihn freigeben und seine Persönlichkeit sowie seinen freien Willen akzeptieren. Das ist nicht leicht. Wenn Sie lernen, Liebe so zu verwirklichen, werden Sie einiges an emotionalem Unbehagen aushalten müssen, besonders, wenn Sie beginnen, die zerstörerischen Schuldgefühle und Ängste aufzuarbeiten, die Sie so lange die Rolle des „Retters" haben spielen lassen.

Tatsächlich kann durch eine solch harte Liebe im anderen das Verlangen entstehen, sich zu verändern. Wenn Sie und Ihre Familie aufhören, mit Ihrem ganzen Leben um den Alkoholkranken zu kreisen und dauernd seine Schwierigkeiten zu lösen, dann drücken ihn seine Probleme schließlich so sehr, daß dies möglicherweise in ihm den Wunsch nach Besserung weckt. Harte Liebe kann das Selbstwertgefühl des Alkoholkranken heben, weil er nun mehr Verantwortung übernehmen muß. Wenn es ihm so scheint, als sorgten Sie sich nicht mehr um seine Gesundheit und sein Wohlergehen, wird er womöglich anfangen, sich selbst darum zu kümmern. Gleichzeitig wird er Ihnen mehr Respekt entgegenbringen, weil auch Sie nun mehr Selbstsicherheit entwickeln und weil Sie aufhören, ihn ständig zu umsorgen.

Wenn Sie beginnen, sich von Ihrem alkoholkranken Partner abzulösen, werden Sie auch wieder mehr positive Gefühle für ihn entwickeln. Denn wenn Sie sich auch um sich selbst kümmern, haben Sie weniger Gründe, ihn abzulehnen. Sie werden die guten Seiten Ihres Mannes wieder schätzen lernen. Manchmal umsorgt und bewahrt man nämlich den Alkoholkranken nur aus einem Schuldgefühl heraus, weil man ihn ja ablehnt. Wenn Ihre Beziehung zu ihm aber wieder ausgewogener wird, werden Sie feststellen, daß es dem anderen wichtig ist, Ihnen zu gefallen.

Diese feste, konsequente Liebe ist biblische, göttliche Liebe. Gott gab uns unseren freien Willen – und nahm damit das Risiko auf sich, daß wir uns gegen ihn entscheiden. Er hätte uns auch so kontrollierbar wie Roboter erschaffen können. Dann wären wir gezwungen, ihn zu lieben. Doch wieviel Wert hätte unsere Liebe dann noch? Ebenso müssen wir unseren Angehörigen ihre Freiheit zugestehen, selbst wenn wir damit riskieren, sie zu verlieren.

Auch Jesus hat so gehandelt. Hat er den reichen jungen Mann

daran gehindert, von ihm wegzugehen? (Siehe Markus 10, 17-23.) Nein, er ließ den Mann selbständig entscheiden und die Folgen seines Verhaltens selbst tragen. Jesus hat für andere nie getan, was sie für sich selbst hätten tun können und sollen.

Wenn Sie feste, konsequente Liebe praktizieren, müssen Sie allerdings auf Ihre Motive achten. Sie handeln in Liebe, wenn Sie für Ihren Partner wirklichen und andauernden Gewinn anstreben. Wenn Sie lediglich Genugtuung haben oder Ihre Rechte einfordern wollen, dann ist das keine Liebe. Der Unterschied mag gering sein, aber er ist wesentlich. Versuchen Sie sich vorzustellen, was Sie von Ihrem Partner erwarten würden, wenn Sie diejenige wären, die sich durch ihr Handeln selbst zerstört. Auch wenn Sie sich manchmal hart verhalten oder wenn Sie sich weigern, ihn vor seinem selbstverschuldeten Unheil zu „retten", können Sie doch eine liebevolle Haltung beibehalten.

## Wie äußert sich feste, konsequente Liebe?

Ich möchte Ihnen keine genauen Anweisungen geben, denn ich kann nicht für Sie nachdenken und entscheiden. Außerdem kennen Sie Ihre Situation selbst am besten. Vielleicht sind Sie auch noch nicht in der Lage, bestimmte Dinge zu tun, obwohl Sie sie für richtig halten. Das macht nichts, lassen Sie sich so viel Zeit, wie Sie brauchen. Dennoch möchte ich Beispiele nennen, wie sich harte Liebe äußern kann:

- Lassen Sie den Alkoholkranken nachts allein nach Hause finden.
- Weigern Sie sich, ihn morgens in der Firma zu entschuldigen, wenn er einen Kater hat.
- Mischen Sie sich nicht mehr ein, wenn er sich mit anderen streitet. Entschuldigen Sie sich nicht mehr für ihn, denn das würde bedeuten, daß Sie – zumindest teilweise – verantwortlich sind.
- Bezahlen Sie keine Rechnungen mehr für ihn.
- Lassen Sie ihn ruhig mal eine Nacht in der Ausnüchterungszelle verbringen, anstatt ihn nach Hause zu holen.
- Wenn Ihr Partner Sie körperlich mißhandelt, sollten Sie darüber reden, statt ihn auch noch anderen gegenüber zu decken.

● Konfrontieren Sie den Alkoholkranken mit seiner Sucht; nehmen Sie Hilfe in Anspruch, wenn es notwendig ist.

„Aber was passiert, wenn ich das tue?" mögen Sie fragen. Ja, es stimmt, daß der Alkoholkranke Fehler machen wird – möglicherweise sogar sehr schwere oder kostenträchtige –, wenn Sie ihn nicht mehr umsorgen und ihn für sich selbst entscheiden lassen. Aber lassen Sie sich nicht von Ihren Schuldgefühlen übermannen. Die verkehrten Entscheidungen sind seine Sache, nicht Ihre. Schließlich haben Sie in der Vergangenheit, trotz Ihrer Fürsorge, auch nicht alle seine Fehlentscheidungen verhindern können. Er wird aus seinen Fehlern lernen und sich bessern wollen, wenn Sie ihn die Konsequenzen seiner Entscheidungen selbst tragen lassen. Machen Sie sich immer wieder bewußt, daß Ihre Besorgnis und Ihre Rettungsversuche die Krankheit nur verschlimmern.

Lassen Sie sich auch nicht von Ihren Angstgefühlen unterkriegen. Haben Sie vielleicht Angst, daß Ihr Partner Sie verlassen könnte, wenn Sie aufhören, für ihn einzustehen? Wenn ja, dann ginge es Ihnen ohne ihn wahrscheinlich besser. Aber normalerweise kommt es nicht soweit. Er wird Sie mehr achten, wenn Sie anfangen, sich selbst zu achten.

Eine weitere Frage mag sein: „Wenn Alkoholismus doch eine Krankheit ist, muß ich dann nicht den Kranken besonders liebevoll behandeln und umsorgen?" Nein, denn ihm ein größeres Maß an Verantwortung zu übertragen, ist eine viel bessere Medizin für den Alkoholkranken, als wenn er nichts daran tut, sich zu ändern und seine Krankheit zu überwinden. Feste, konsequente Liebe schützt; sie schützt die ganze Familie vor dem Schaden, der entsteht, wenn man dem Alkoholismus erlaubt, sich ungehindert auszubreiten.

Wenn Sie anfangen, dem Alkoholkranken seine Verantwortung zurückzugeben, denkt er vielleicht, Sie liebten ihn nicht mehr. Dann sollten Sie versuchen, andere Möglichkeiten zu finden, um Ihre Liebe zum Ausdruck zu bringen. Auf keinen Fall jedoch dürfen Sie gegen Ihre Prinzipien der harten Liebe verstoßen.

Wie man die Liebe des Partners spürt, ist bei jedem Menschen anders. Der eine Mann mag wissen, daß seine Frau ihn liebt, wenn sie seine Hemden perfekt bügelt. Ein anderer Mann macht sich vielleicht nicht so viel aus gutgebügelten Hemden. Er spürt aber die Liebe seiner Frau, wenn sie ihr Haar so trägt, wie es ihm besonders gut gefällt. Eine Frau mag die Liebe ihres Mannes spüren, wenn er sich eine Woche freinimmt, um die Wohnung zu renovieren; eine andere, wenn ihr Mann ihr einen heißen Tee macht, wenn sie erkältet ist. Was auch immer Ihren Mann besonders glücklich oder dankbar macht, sei es ein Strauß frischer Blumen im Wohnzimmer oder eine besondere Mahlzeit – setzen Sie es ein, um ihm zu zeigen, daß Sie ihn lieb haben, obwohl Sie das Trinken nicht mehr einfach hinnehmen.

Diese Art der Liebe ist ein schweres Stück Arbeit, aber Sie können es schaffen, Sie können fest bleiben. Denken Sie an das, was der Apostel Paulus den Christen in Rom sagte: „Die Liebe sei ohne Falsch. Haßt das Böse, hängt dem Guten an" (Römer 12, 9).

*Zum Nachdenken über ...*

... Liebe: Johannes 15, 9-12; Römer 13, 8-10; 1. Korinther 13; 1. Johannes 4, 7-21.

# Kapitel 13:
# Gehen Sie mit Ihrem Zorn konstruktiv um

*„Zürnt ihr, so sündigt nicht; laßt die Sonne nicht über eurem Zorn untergehen, und gebt nicht Raum dem Teufel" (Epheser 4, 26. 27).*

Noch vor zwei Jahren hätte ich nicht zugegeben, daß ich auf meinen Mann wütend war. Ich versuchte, einigermaßen damit klarzukommen, wie er mich behandelte, sagte ihm aber nie, wie ich mich dabei fühlte. Das sollte er eigentlich von selbst wissen, meinte ich. Manchen guten Freunden vertraute ich mich mit meinen Problemen an, und ich besuchte auch eine christliche Selbsthilfegruppe. In all den Gesprächen und Diskussionen versuchte ich jedoch stets, mich wohlwollend und positiv auszudrücken. Ich wollte allen zeigen, was für ein „guter Christ" ich doch war und wie sehr ich mich unter Kontrolle hatte. Ich war so sehr damit beschäftigt, „christlich" zu sein, daß ich gar keine Zeit hatte, mich der Wirklichkeit zu stellen.

Eines Tages, als ich mit einer guten Freundin spazierenging, gab ich meine Tarnung auf, und ich war davon selbst überrascht. Ich beklagte mich lange und bitter. Warum gerade bei ihr? Ich kannte ihren Hintergrund und vermutete richtigerweise, daß sie mich verstehen und nicht verurteilen würde.

Danach mußte ich mir eingestehen, daß sich bei mir eine Menge Zorn und Ärger aufgestaut hatte. Ich wußte, das war nicht gut; eine solche Anhäufung von negativen Gefühlen wirkt auf den Geist wie eine Verstopfung auf den Körper. Die Abfallprodukte sind eine Last für das ganze System und müssen entfernt werden. Aber ich wußte damals nicht, wie ich das in bezug auf meinen Ärger bewerkstelligen konnte.

Damals schrieb ich auf einen Zettel, den ich in meine Bibel legte: „Was kann ich mit meinen Ärger tun, damit ich ihn nicht mehr in mich ‚reinfresse'? Wenn ich ihn Gott übergebe, heißt das, daß ich ihm den Ärger nur zeigen darf? Oder zeigt er mir, was ich damit machen soll? Ist es eine Sünde, wenn ich ärgerlich werde?"

Nach einigem Nachdenken und Beten entschloß ich mich, meinen Mann mit meinem Ärger zu konfrontieren. Ich sagte ihm, wie mich einiges in der letzten Zeit verletzt und geärgert hatte, und schlug vor, zusammen eine Beratungsstelle aufzusuchen. Danach fühlte ich mich gleich viel besser, obwohl seine erste Reaktion ebenfalls Zorn war.

In den folgenden Wochen kam ich immer wieder auf diese Unterhaltung zurück, und das führte zu positiven Veränderungen. Allein das Wissen, daß mein Mann mir zugehört hatte, war wunderbar.

## Äußern Sie Ihren Zorn konstruktiv

Durch Gebet und das Lesen der Bibel und anderer Bücher bin ich zu der Überzeugung gelangt, daß Zorn an sich nicht verkehrt ist und daß es auf gar keinen Fall falsch ist, ihn in einer konstruktiven Konfrontation zum Ausdruck zu bringen. Wenn sich der Ärger aber zu einer andauernden, inneren Wut aufstaut, dann vergiftet er Körper und Seele, und dann können wir uns nicht mehr positiven Gefühlen öffnen wie Liebe, Freude und Frieden. Außerdem entfremdet der Ärger uns von den Menschen, denen wir eigentlich nahe sein wollen. Es ist wichtig, zu lernen, mit unserem Ärger konstruktiv umzugehen – und ihn nicht zu einem in uns wirkenden Gift werden zu lassen.

Viele Christen fragen sich, ob sie überhaupt das „Recht" zu bestimmten negativen Gefühlen haben. Sie entwickeln Schuldkomplexe, weil sie Gefühle haben, die sie als „falsch" ansehen. Heute glaube ich jedoch, daß unsere Empfindungen an sich überhaupt nicht falsch sein können. Sie sind einfach da, und Gott akzeptiert uns so, wie wir sind. Da aber Zorn und andere negative Gefühle schädlich werden können, müssen wir lernen, wie wir uns konstruktiv mit ihnen auseinandersetzen.

Denn Zorn hat ja nicht nur schlechte Seiten. Er kann sehr nützlich sein, wenn wir uns mit einer schlimmen Situation auseinandersetzen und notwendige Veränderungen vornehmen müssen.

Konstruktiver Ärger kann uns dabei helfen, Stellung zu beziehen gegen Unrecht, ein unschuldiges Opfer zu verteidigen, ein Kind vor Gefahr zu schützen oder anzufangen, das schlechte Verhalten eines anderen zurückzuweisen.

In den Evangelien erfahren wir, daß auch Jesus manchmal zornig wurde. Im Alten Testament sehen wir, wie Gott zornig wurde, besonders über die Sünden des Volkes, das er am meisten liebte. Doch sein Zorn war nie von Dauer: „Denn sein Zorn währt einen Augenblick und lebenslang seine Gnade" (Psalm 30,6).

Wir müssen lernen, unseren Zorn anzunehmen (ihn nicht zu verleugnen, wie ich es früher machte) und ihn angemessen auszudrücken. Bevor Sie jedoch jemanden mit Ihrem Zorn konfrontieren, sollten Sie sich über Ihre wahren Gefühle im klaren sein. Manchmal lassen wir unseren Ärger an Unschuldigen aus, besonders an Kindern. Oder wir lassen anderen zornige Botschaften in verschlüsselter Form zukommen, weil wir unsere wahren Motive nicht akzeptiert haben. So kann es zum Beispiel sein, daß eine Frau zu ihrem Mann sagt: „Du nimmst dir nicht genug Zeit für die Kinder", aber in Wirklichkeit meint sie: „Ich will wissen, ob du mich noch magst."

Den Urheber mit unserem Zorn zu konfrontieren, ist kein bloßes „Dampfablassen": Streiten, Beschimpfen, Anschreien oder Anschweigen schaden mehr als sie nutzen. Dadurch wird der andere auch wütend, und er versucht dann wahrscheinlich, Ihnen alles heimzuzahlen. Statt zu gegenseitigem Verständnis zu führen, festigen sich so nur die alten, feindlichen Positionen. Seien Sie auch vorsichtig damit, eine dritte Partei mit einzubeziehen. Natürlich können Sie professionelle Beratung in Anspruch nehmen, um mit Ihrem Zorn fertigzuwerden. Aber wahllose Beschwerden oder sarkastische Witze Dritten gegenüber bringen überhaupt nichts.

## Verringern Sie Ihren Zorn durch Akzeptanz der Realität

Es ist gut, wenn Sie Ihre Lebensumstände akzeptieren, also vor sich selbst eingestehen, was Sache ist. Anerkennung der Realität bedeutet, seine Vorstellungen darüber, wie es sein sollte, loszulassen und die Wirklichkeit hinzunehmen.

Ihr Partner ist also alkoholkrank – das ist eine Tatsache. Anerkennung der Realität·heißt nun, daß Sie keine Zeit und Energie mehr damit verschwenden, dies zu verleugnen, sich in Phantasien zu flüchten oder zu jammern, wie unfair alles doch ist. Sie wollen nicht mehr mit dem Kopf durch die Wand, verlangen nicht mehr, daß der andere so ist, wie er gar nicht sein kann. Ehrlich gefragt: Denken wir nicht oft, daß viele unserer Probleme ganz einfach gelöst würden, wenn wir andere Menschen ändern könnten? Aber so geht es nicht. Wir können andere nur beeinflussen oder ändern, indem wir uns selbst ändern.

Auf der anderen Seite bedeutet Anerkennung der Realität aber auf gar keinen Fall, daß Sie Mißhandlungen irgendwelcher Art oder unzumutbares Verhalten einfach hinnehmen müssen. Genauso wenig heißt es, daß Sie den Alkoholkranken behandeln sollen, als wäre er gesund, oder daß Sie ihn einfach als hoffnungslosen Fall abtun. Menschen ändern sich tatsächlich, und manchmal geschieht dies als Reaktion auf Veränderungen bei uns selbst.

Anerkennung der Realität bedeutet, daß Sie anderen zugestehen, sich ihren Umständen, ihrer Persönlichkeit und ihren Wertvorstellungen entsprechend normal zu verhalten. Zum Beispiel ist es für einen Alkoholkranken ganz normal, sich zu betrinken. Genauso ist es für ihn normal, sich arrogant und überheblich zu verhalten. Denken Sie einmal nach: Wie ärgerlich können Sie über normales Verhalten überhaupt werden?

Außerdem richtet sich unser Ärger – zumindest teilweise – immer auch gegen Gott. Schließlich läßt er Dinge zu, die wir für nicht hinnehmbar halten. Wenn wir nun aber akzeptieren, daß alles, was Gott zuläßt, seinen (guten!) Sinn und Zweck erfüllt, dann sehen wir die Dinge in einem anderen Licht und werden es leichter haben, unseren Zorn zu verringern. Dies soll aber nicht heißen, daß Sie sich selbst für Ihren Ärger verurteilen müssen. Vielmehr sollten Sie auch sich selbst als normal und menschlich akzeptieren. Rufen Sie sich immer wieder ins Gedächtnis, daß Ärger eine ganz normale Reaktion ist, und daß jeder, der mit einem Alkoholkranken lebt, normalerweise reichlich Grund hat, sich zu ärgern.

Sich selbst mit allen seinen Gefühlen anzunehmen, bedeutet

auch, sich selbst zu lieben. Vergebungsbereitschaft – auch sich selbst gegenüber – ist eine grundlegende Voraussetzung dafür. Sie können sich selbst und auch einen anderen nur so lieben, wie Sie sind und wie er ist, und nicht, wie Sie ihn und sich gern hätten. Wirkliche Liebe verlangt nicht, daß der andere sich aufopfert, um uns glücklich zu machen. Das wäre Besitzgier, aber keine Liebe.

Wenn Sie sich klarmachen, daß Sie eigentlich von keinem Menschen erwarten können, daß er nur dazu da ist, gerade Sie glücklich zu machen, dann werden Sie selbst mehr Verantwortung für Ihr Glück übernehmen. Wenn Sie zum Beispiel auf Ihren Partner wütend sind, weil er keine Zeit für Sie hat, könnten Sie einige Ihrer einsamen Abende damit füllen, einen Volkshochschulkursus zu besuchen oder mit Freunden zusammenzusein.

Ärger und Bitterkeit führen nur dazu, daß Sie sich noch stärker an Ihren Mann binden und noch mehr um ihn und sein Verhalten rotieren. Und damit rauben Sie sich selbst Ihre Freude und Ihren Frieden. Sie geben so dem Alkoholkranken eine enorme Macht über Ihre Gefühle und Ihr Befinden. Es kann unglaublich befreiend sein, ihm diese Macht nicht zuzugestehen.


## Korrigieren Sie Ihre Denkmuster

Gottes Wort sagt: „Erneuert euch in eurem Geist und Sinn" (Epheser 4, 23). Wie das geschehen kann, lesen wir in Vers 31 und 32: „Alle Bitterkeit und Grimm und Zorn und Geschrei und Lästerung seien fern von euch samt aller Bosheit. Seid aber untereinander freundlich und herzlich und vergebt einer dem anderen, wie auch Gott euch vergeben hat in Christus."

Wir können uns also wirklich verändern. Dazu gehört auch, daß wir uns über einige unserer Denkmuster klarwerden, die falsche Reaktionen hervorrufen:

1. *Wir stempeln andere leicht ab.* Wir bezeichnen sie als Blödmann, Idiot, Kriecher, schlecht oder dumm. Aber alle Menschen sind einfach nur menschlich, genau wie Sie und ich. Wenn man jemanden in dieser Art abstempelt, stellt man seinen Charakter in Frage und setzt seinen Wert herab. Jesus hat ein paar deutliche

Worte dazu gesagt. In Matthäus 5, 21.22 können Sie das nachlesen.

2. *Wir beschuldigen andere.* Oft schieben wir alles, was falsch läuft, einem anderen in die Schuhe. Aber für vieles trägt einfach niemand die Schuld. Und manchmal ist es auch egal, wer nun schuld ist. Auch wenn jemand falsch reagiert und gehandelt hat, hat er es doch oft nicht böse gemeint. Akzeptanz ist viel besser als Schuldzuweisungen. Manchmal wollen wir auch jedes Problem, das auftaucht, auf den Alkoholismus schieben, aber das ist einfach nicht realistisch.

3. *Wir meinen, die Gedanken anderer lesen zu können.* Wir mutmaßen über die Beweggründe, wenn uns jemand verletzt. Zum Beispiel denken wir dann: „Er liebt mich nicht" oder: „Sie hält mich für unwichtig." Diese untergeschobenen Motive entstammen allein unserer Vorstellung. Versuchen Sie doch einmal, sich in den hineinzuversetzen, der Sie gerade verletzt hat. Sehen Sie die Dinge einmal mit den Augen des anderen. Es ist sogar möglich, daß die Reaktion Ihres Gegenübers gar nichts mit Ihnen zu tun hat. Der Alkoholkranke trinkt nicht wirklich Ihretwegen, und er will Sie vermutlich auch nicht bewußt verletzen.

4. *Wir übertreiben leicht und reagieren oft überempfindlich.* Wenn der Alkoholkranke zum Beispiel vor Ihren Freunden aus der Gemeinde einen schmutzigen Witz erzählt, dann fragen Sie sich: „Wie wichtig ist das?" bevor Sie explodieren. Eigentlich gibt es nur wenige Dinge, die es wert sind, Ihnen Ihre Gelassenheit zu rauben. Alles-oder-nichts-Denken ist ebenfalls eine Form der Übertreibung. Wenn eine Ampel vor Ihnen auf Rot schaltet, denken Sie vielleicht: „Immer wenn ich komme, werden die Ampeln rot!" Aber stimmt das wirklich? Entsprechend verhält es sich mit Ihrem Partner. Wenn Sie sagen: „Du bist nie da, wenn ich dich brauche!" dann vergessen Sie die Zeiten, wo er doch da war.

5. *Wir bleiben bei unseren unrealistischen Grundsätzen.* Die meisten von uns haben ziemlich genaue Vorstellungen davon, wie alles laufen sollte. Und deshalb schaffen es die anderen oft nicht, unseren Vorstellungen gerecht zu werden. Dabei ist es so wichtig, die Dinge so hinzunehmen, wie sie wirklich sind. Ehepartner verhalten sich nun eben manchmal gedankenlos oder gar

gemein zueinander. Babies schlafen manchmal nicht die ganze Nacht hindurch. Versuchen Sie, den Gedanken: „Wie schön wäre es, wenn ..." abzulegen und nicht länger darüber nachzugrübeln, wie alles sein sollte. Vielleicht hilft es Ihnen auch, Ihre zornigen Gedanken aufzuschreiben und dann darüber zu beten und nachzudenken.

Gottes Wort verschweigt nicht, daß wir alle von Zeit zu Zeit zornig werden, aber es sagt auch, wie wir damit fertig werden können. Das so oft zitierte Gebot: „Laßt die Sonne nicht über eurem Zorn untergehen" bedeutet einfach, daß wir uns mit unserem Ärger konstruktiv auseinandersetzen sollen, sobald wir uns seiner bewußt werden. Der Apostel Jakobus warnt: „Ein jeder Mensch sei schnell zum Hören, langsam zum Reden, langsam zum Zorn" (Jakobus 1, 19). Das heißt, wir sollen so ruhig bleiben wie möglich und uns nicht zu voreiligen Reaktionen hinreißen lassen. Ein unkontrollierter Wutausbruch schadet sowohl Ihnen als auch Ihrem Gegenüber. Meiner Meinung nach kommt es darauf an, wie wir mit dem Ärger umgehen. Genauso, wie ein Wutanfall eine falsche Reaktion ist, so ist es auch falsch, den Ärger ständig zu schlucken, bis er sich zu verborgener Wut oder stillem Haß anstaut. Akzeptieren Sie Ihren Ärger und akzeptieren Sie die Person oder die Situation, die ihn auslöste. Beten Sie darüber und sprechen Sie sich mit jemandem aus, dem Sie vertrauen können. Danach werden Sie vergeben und vergessen können. Der Autor der Sprüche hat sehr wohl erkannt: „Ein Tor schüttet all seinen Unmut aus, aber ein Weiser beschwichtigt ihn zuletzt" (Sprüche 29, 11).


*Zum Nachdenken über ...*

... Ärger: Sprüche 20, 22; 29, 22; Matthäus 5, 21-26; 1. Korinther 13, 5; Jakobus 1, 19.20.

# Kapitel 14:
## Was das Leben krank macht

*„Hoffnung, die sich verzögert, ängstet das Herz; wenn aber kommt, was man begehrt, das ist ein Baum des Lebens" (Sprüche 13, 12).*

Hoffen Sie schon lange darauf, daß der Alkoholkranke in Ihrer Familie bereit wird, Hilfe in Anspruch zu nehmen, aber es geschieht einfach nichts? Wird Ihnen das Warten schwer? Eins dürfen Sie in dieser Situation wissen: Gott versteht das und weiß, daß Sie das innerlich krank machen kann.

Wie sich solches Kranksein äußert und wie man es überwinden kann, davon soll in diesem Kapitel die Rede sein.

## Selbstmitleid

„Ich Arme, ich bin so schlecht dran. Das Leben ist einfach ungerecht, und ich kann nichts daran ändern" – so äußert sich Selbstmitleid.

Meine Neigung zum Selbstmitleid kam viel eher ans Licht als mein Ärger. Ich vermute, daß ich dadurch meinen Ärger überspielt habe. Durch die Erfahrungen in meiner Selbsthilfegruppe konnte ich diese Einstellung schließlich ablegen.

Ich war mit der Erwartung in die Gruppe gegangen, dort könnte ich endlich einmal meine traurige Geschichte erzählen und man würde mir dann auf die Schulter klopfen und sagen: „Arme Chris!" Doch es kam ganz anders. Ich war sehr aufgebracht wegen eines schlimmen Krachs zu Hause, bei dem wir vor der Garage um die Autoschlüssel gekämpft hatten. Ich weinte und bemerkte zuerst gar nicht die ausgeglichen wirkende, schmale Frau zu meiner Rechten. Irgendwann fragte jemand sie, wie es denn bei ihr so liefe. „Eigentlich gar nicht so schlecht", antwortete sie. „Ich bekomme endlich wieder Grund unter die Füße. Aber vor ein paar Wochen, als ich nach Hause zurückkam, da war es ziemlich hart. Ich war bei meiner Mutter gewesen, um mich von meiner Operation zu erholen. Ich habe also meinen Mann angerufen und ihm gesagt, wann ich komme. Aber am Bahnhof war dann doch niemand, um mich abzuholen. Na ja, da mußte ich eben selbst zusehen, wie ich nach Hause kam. Als ich dann die Tür aufmachte, war niemand da. Dafür herrschte ein schreckliches Chaos, und die halbe Einrichtung war verschwunden. Anscheinend hatte mein Mann in meiner Abwesenheit ein halbes Dutzend Trinkkumpane bei sich einquartiert und alle unsere Erbstücke verkauft, um wieder Geld für Alkohol zu haben."

Ich „arme Chris" war auf einmal nur noch fingergroß mit Hut. Ich hatte nicht nur ein Haus voller schöner Sachen, ich hatte auch einen Mann, der gut für uns sorgte, und zwei nette Töchter. Ich danke dir, liebe Freundin, wo du auch jetzt sein magst, daß du mir an jenem Abend gezeigt hast, wie reich ich doch eigentlich war.

Dankbarkeit ist die beste Medizin gegen Selbstmitleid. Gott hat Ihnen Ihr Leben gegeben und Sie mit allem Guten, das Sie haben, gesegnet. Seien Sie dankbar dafür. Über Verluste und Mängel hilft Gott Ihnen hinweg: entweder durch geänderte innere Sicht oder durch andere Formen des Ausgleichs – denn Sie beten ja darum.


# Neid

Neid ist ein enger Verwandter von Ärger und Selbstmitleid. Wer neidisch ist, schaut mißgünstig auf andere, denen es anscheinend besser geht als einem selbst. Wie andere Formen des Nicht-Akzeptierens ist auch Neid eine Vergeudung von wertvoller Energie. Er schadet Ihnen selbst viel mehr als dem, den Sie beneiden.

Neid ist ein Gift, mit dem Sie sich selbst zerstören. Neid baut auf unrealistischen Gedanken auf. Wenn Sie denken, jemand anders hätte es besser als Sie, dann kennen Sie diesen Menschen wahrscheinlich nicht sehr gut, denn sonst würden Sie auch seine Probleme kennen. Schließlich hat jeder irgendwelche Schwierigkeiten.

Manchmal beneiden Sie vielleicht sogar Menschen, die nicht mit

Gott leben, den Alkoholkranken möglicherweise eingeschlossen, weil sie mit allem, was sie tun, zurechtzukommen scheinen. In Jesu Gleichnis vom verlorenen Sohn (Lukas 15, 11-32) hat der ältere Bruder genau diese Neidgefühle. Wahrscheinlich denkt er gar nicht daran, daß sein Bruder, obwohl ihm alles vergeben wurde, dennoch mit den Folgen seines Handelns wird leben müssen.

## Selbstgerechtigkeit

„Ich weiß alles und habe immer Recht, und deshalb habe ich auch das Recht, auf dich wütend zu sein!" Diese Einstellung ist Selbstgerechtigkeit, eine Form des Stolzes. Auch hier sind verzerrte Vorstellungen der Wirklichkeit die Ursache.

Wer mit einem Alkoholkranken zusammenlebt, gerät nur zu leicht in diese „Ich weiß alles"-Haltung, weil er im Vergleich zu ihm immer noch ganz gut abschneidet. Aber so einfach ist es nicht. Ganz gleich, wie Sie darüber denken, der Alkoholkranke ist nicht immer und mit allem im Unrecht.

Es kann sogar sein, daß ihm Ihre Selbstgerechtigkeit als willkommene Entschuldigung für sein schlechtes Verhalten dient. Ist allein diese Möglichkeit nicht schon Grund genug, daß Sie beginnen, sich selbst realistischer zu sehen? Auch Sie brauchen Gott, um im Leben zurechtzukommen, auch Sie können nicht alles allein schaffen. Denken Sie doch nur einmal daran, wie oft Sie schon – erfolglos – versuchten, mit einer schlechten Gewohnheit zu brechen. Wenn Sie sich Ihrer eigenen Fehler bewußt bleiben, werden Sie den Fehlern anderer gegenüber viel nachsichtiger sein.

## Unversöhnlichkeit

Jesus hat gesagt: „Wenn ihr den Menschen ihre Verfehlungen vergebt, so wird euch euer himmlischer Vater auch vergeben. Wenn ihr aber den Menschen nicht vergebt, so wird euch euer Vater eure Verfehlungen auch nicht vergeben" (Matthäus 6, 14.15). Es kann sehr schwer sein, jemandem zu vergeben, der einen zutiefst verletzt hat. Aber Sie brauchen es nicht allein zu schaffen. Jesus selbst will Ihnen dabei helfen, wenn Sie ihn darum bitten.

Jemandem zu vergeben heißt nicht, die Verfehlung als in Ordnung zu akzeptieren. Vergebungsbereitschaft bedeutet, daß Sie bereit sind, die Sache hinter sich zu lassen, daß Sie akzeptieren, was geschehen ist, und den Groll begraben. Vergebung bedeutet, daß Sie den anderen auch weiterhin akzeptieren und lieben, als wäre diese Verfehlung nie vorgefallen.

Das ändert allerdings nichts daran, daß der Schuldige die Konsequenzen seines Fehlverhaltens zu tragen hat. Wenn Ihnen ein Freund etwas kaputt macht, dann können Sie ihm vergeben und dennoch sein Angebot annehmen, für Ersatz aufzukommen. Genauso ist es recht und billig, einen Alkoholkranken die Folgen seines übermäßigen Trinkens selbst tragen zu lassen.

Jesus sagt, daß wir sogar sieben Mal am Tag vergeben sollen, wenn uns jemand verletzt und es ihm dann leid tut (Lukas 17, 3-6). Die Jünger baten Jesus daraufhin, ihren Glauben zu stärken. Sie waren sich also bewußt, daß sie selbst nicht die Kraft zu solcher Vergebungsbereitschaft hatten. Und das ist bei uns genauso. Aber Jesus will auch uns die Kraft dazu geben.

Doch das ist noch nicht alles. Es ist ja schon schwer genug, jemandem zu vergeben, der sein Tun bereut und um Vergebung bittet. Aber was ist dann erst mit denen, die nicht merken, wie sehr sie uns verletzt haben, oder die das gar nicht kümmert? Ihnen zu vergeben ist noch viel schwerer. Aber auch darüber können Sie offen mit Gott sprechen. Er verlangt nichts von Ihnen, was zu schwer für Sie ist. Doch er will Ihnen helfen.


## Falsche Schuldgefühle

Falsche Schuldgefühle sind für Menschen, die mit einem Alkoholkranken zusammenleben, oft schwer zu erkennen und zu überwinden. Gemeint ist hier nicht Reue über etwas, das Sie wirklich falsch gemacht haben. Denn Gott will Ihnen vergeben, wenn Sie ihn darum bitten. Was ich meine, sind unberechtigte und übertriebene Schuldgefühle, die Sie persönlich in Frage stellen und Ihnen das

Gefühl geben, Sie seien schlecht. Solche Schuldgefühle hindern Sie daran, sich selbst zu akzeptieren und sich zu vergeben oder zu glauben, daß Gott Sie liebt und Ihnen vergibt. Statt dessen treiben solche falschen Schuldgefühle Sie in die Selbstverdammung.

Mißhandlungen mit Worten und gefühlsmäßige Ablehnung sind die Hauptursachen für übertriebene Schuldgefühle und Selbstverdammung. Wenn Sie in Ihrer frühen Kindheit vernachlässigt wurden oder wenn man Ihnen das Gefühl gab, Sie seien wertlos, dann sind solche Gefühle sehr tief in Ihnen verwurzelt. Im Zusammmenleben mit einem Alkoholkranken werden solche Gefühle noch vertieft, wenn er Sie mit Angriffen auf Ihre Persönlichkeit überhäuft. Vielleicht reitet er auf Ihren – wirklich vorhandenen oder eingebildeten – Fehlern herum, indem er beispielsweise sagt: „Mit einer Frau (einem Mann, Kind usw.) wie du würde doch jeder anfangen zu trinken!" Wenn Sie immer wieder solchen Attacken ausgesetzt sind, gelangen Sie schließlich zu der Überzeugung, daß Sie völlig wertlos sind, selbst wenn Sie dagegen angehen und Ihrem Partner zu beweisen versuchen, daß er Unrecht hat. Aber vielleicht hilft es Ihnen weiter, wenn Sie sich zumindest verstandesmäßig klarmachen, daß Sie in Wirklichkeit vor Gott wertvoll sind und daß jeder, der Sie herabwürdigt, dies wegen seiner eigenen Probleme tut.

Es gibt noch mehr, was zu Ihren falschen Schuldgefühlen beitragen kann. Viele Christen denken – vielleicht auch Sie –, sie müßten vollkommen sein: „Ich habe versagt, also bin ich ein schlechter Mensch." Aber das stimmt nicht! Wir alle versagen manchmal, das ist ganz normal und menschlich. Setzen Sie sich mit dem Versagen auseinander und fangen Sie noch einmal von vorne an. Viele meinen auch, sie müßten stark genug sein, um die Welt zu verbessern oder falsche Entscheidungen anderer, auch des Alkoholkranken, auszugleichen. Aber wir haben ja schon gesehen, daß das einfach unmöglich ist.

Möglicherweise meinen Sie auch, Sie müßten alles tun, worum andere Sie bitten. Wenn jemand denkt, Sie seien die ideale Person für eine bestimmte Aufgabe, für die Sie sich selbst aber nicht geeignet fühlen, haben Sie dann Schuldgefühle, wenn Sie nicht zusagen? Oder sagen Sie oft ja, obwohl Sie wissen, daß Sie eigentlich nein sagen sollten? Es ist ziemlich normal, es allen Leuten recht machen zu wollen, aber weil es sowieso nicht möglich ist, kann man damit aufhören, es zu versuchen.

Vielleicht werden Sie manchmal Unbeteiligten gegenüber, besonders Kindern, ärgerlich, um Ihre falschen Schuldgefühle zu überspielen. Dann haben Sie wahrscheinlich hinterher noch mehr Schuldgefühle, weil Sie ärgerlich geworden sind. Welch ein Teufelskreis! Dann ist es für alle besser, wenn Sie eine Bitte höflich ablehnen, anstatt anschließend ärgerlich zu werden.

Krampfhaftes Suchen nach Anerkennung ist eine weitere Ursache für falsche Schuldgefühle. Vielleicht versuchen Sie in Ihrem Kampf um Anerkennung immer wieder, es allen Leuten recht zu machen, und fühlen sich am Boden zerstört, wenn Sie kritisiert werden. Wenn jemand Sie oder Ihr Verhalten mißbilligt, meinen Sie, daß er recht haben muß.

Unsinn! Es ist doch klar, daß die Meinungen auseinandergehen. Wie langweilig wäre Ihr Leben, wenn Sie niemals jemandem auf die Nerven gingen! Wenn Sie kritisiert werden, sollten Sie innehalten und sich darüber klar werden, ob das gerechtfertigt war oder nicht. Und selbst wenn die Kritik angebracht war, brauchen Sie deswegen nicht niedergeschlagen zu sein. Denken Sie doch nur einmal an das, was Sie an diesem Tag schon gut und richtig gemacht haben.

Das Suchen nach Anerkennung kann zu schlimmen Verwicklungen in Ihrer Beziehung zu dem Alkoholkranken führen. Ihre Rettungsversuche finden möglicherweise starken Anklang bei ihm. Wenn Sie nun damit aufhören, wird er möglicherweise verbittert darauf reagieren. Dann fühlen Sie sich vielleicht schließlich doch wieder schuldig, obwohl Sie das Richtige tun. Doch erinnern Sie sich daran, daß unfaire Angriffe Symptome der Alkoholkrankheit sind. Bleiben Sie standhaft und helfen Sie Ihrem Partner, nicht dem Alkoholismus.

Wenn Sie Empfindungen wie Zorn und Ärger nicht richtig annehmen können, führt das auch oft zu Schuldgefühlen. Der Verdruß über die schlechte Behandlung häuft sich wie ein Berg auf, und es mag Momente geben, in denen Sie wünschen, der Alkoholkranke sei tot und für immer aus Ihrem Leben. Aber schon bald bedauern Sie solche schlechten Gedanken, und Sie sind wütend auf sich selbst. Am Ende sind Sie überzeugt, daß nur ein schlechter Mensch solche Gedanken hegen kann.

Dann ist es an der Zeit, Ihre Gefühle – auch die negativen – neu zu akzeptieren und sich wieder bewußt zu machen, daß Sie kein schlechter Mensch sind. Und wenn Sie trotzdem wieder den Drang verspüren, Ihren Partner zu retten und zu umsorgen, nur um sich zu beweisen, daß Sie liebevoll handeln, erinnern Sie sich daran: zu lieben bedeutet nicht, irgendwelche verschwommene warme Gefühle zu hegen; echte Liebe ist eine tiefe Besorgnis darum, daß es dem anderen wirklich gutgeht.

## Depressionen

Freud und andere frühe Psychoanalytiker waren der Meinung, daß Depressionen verinnerlichter Ärger sind. Wenn man seinen Ärger lange genug schlucke, richte man ihn schließlich gegen sich selbst. Moderne Psychologen vertreten dagegen oft die Meinung, daß Mangel an Selbstachtung der Grund für viele Depressionen ist. Meiner Meinung nach stimmen beide Thesen. Wenn wir uns wegen unseres Ärgers schuldig fühlen, vermindert das unsere Selbstachtung, bis wir uns schließlich nicht mehr leiden können oder uns nichts Konstruktives mehr zutrauen. Depressionen können aber auch als Symptom verschiedener körperlicher Krankheiten auftreten. Deshalb sollte man, wenn man unter depressiven Gedanken leidet, zuerst einen Arzt aufsuchen und sich gründlich untersuchen lassen – mögliche körperliche Ursachen sind normalerweise viel leichter zu beheben als seelische. In Kapitel 17 werde ich noch einmal ausführlicher auf diesen Punkt zurückkommen.

## Ausgebranntsein

Wer mit einem Alkoholiker zusammenlebt, erlebt jeden Tag einen schweren geistlichen Kampf. Deshalb ist es kein Wunder, wenn Sie manchmal total ausgebrannt sind. Dann ist es an der Zeit, Ihre „innere Batterie" wieder aufzuladen.

Manchmal heißt das, daß Sie sich eine Weile zurückziehen sollten. Mose, Elia, Johannes der Täufer, sogar Jesus – sie alle brauchten Zeiten der Einsamkeit und der Gemeinschaft mit Gott, dem Vater. In diesen Zeiten konnten sie auftanken und kamen mit neuer Kraft gestärkt zurück. Vielleicht können Sie nicht für längere Zeit entfliehen, aber vielleicht sind ein paar Wochenenden im Jahr möglich, um allein zu sein, zu beten und auszuruhen.

Woran Sie erkennen, daß Sie sich für einige Zeit zurückziehen sollten? Mit Sicherheit daran, daß Sie sich gefühlsmäßig dem chaotischen Niveau nähern, auf dem sich der Alkoholkranke befindet, und daß Sie nicht mehr den richtigen Abstand zu ihm wahren, Ihre Identität nicht mehr von seiner getrennt halten können. Sie sollten sich eine Erholungspause verschaffen, wenn Sie ständig besorgt sind oder gar wie besessen von Problemen, auf die Sie keinen Einfluß haben. Oder wenn Sie sich nicht mehr auf Ihre Arbeit oder ein anspruchsvolles Buch konzentrieren können, wenn Sie ohne Ziel einfach nur noch von Stunde zu Stunde vor sich hinleben, sich hilflos und außer Kontrolle fühlen. Aber soweit brauchen Sie es gar nicht erst kommen zu lassen. Gönnen Sie sich schon vorher Ihre wohlverdiente Ruhe.

Vielleicht können Sie sich nicht gerade einen exklusiven Kurort leisten, aber das ist auch nicht nötig. Eine preiswerte Pension, ein Campingplatz, das Haus eines Freundes oder Verwandten reicht auch. Wichtig ist, daß Sie in einer ruhigen Umgebung, in der Sie nicht beansprucht werden, allein sein können. Und lassen Sie sich während Ihrer Erholungspause nicht von falschen Schuldgefühlen Ihrer Familie gegenüber bedrücken. Wenn Sie entsprechend vorplanen, wird sie auch ohne Sie zurechtkommen, und außerdem werden Sie sich ihr hinterher mit neuer Kraft wieder viel besser widmen können.

Während Sie fort sind, sollten Sie sich viel Zeit nehmen, um sich zu entspannen. Machen Sie Spaziergänge, um sich fit zu halten, lesen Sie in der Bibel und reden Sie oft mit Gott. Tun Sie das, wozu Sie gerade Lust haben, nutzen Sie den Vorteil, daß Sie an keinen festen Tagesablauf gebunden sind.

Hören Sie auf Ihre innere Stimme, schreiben Sie Ihre Gedanken und Gefühle auf. Möglicherweise kommt dabei manches von dem zum Vorschein, was Sie innerlich vergiftet. Das kann Sie für eine Weile unglücklich stimmen, aber nur so werden Sie dieses Gift los. Sie werden eine neue Perspektive bekommen, und wenn Sie wieder zu Hause sind, werden Sie erkennen, was verändert werden muß und kann. Denken Sie daran, Sie brauchen nichts anderes zu sein als ein Kanal für Gottes Kraft und Liebe. Ihre Zeit der Ruhe soll diesen Kanal wieder öffnen, so daß Sie Gottes Liebe wieder empfangen und weitergeben können.

Zerstörerische Gefühle wie Neid, Unversöhnlichkeit und Selbstmitleid, über die wir in diesem Kapitel gesprochen haben, hindern Sie auf Ihrem Weg in ein besseres Leben. Wenn Sie Ihre Denkgewohnheiten ändern, nehmen Sie ihnen einen Teil ihrer Macht über Sie. Sie müssen sich dazu von Ihren eigenen Gedanken etwas distanzieren, und das ist ein schwieriger Prozeß. Es kann eine Hilfe sein, wenn Sie sich immer wieder fragen: „Ist es richtig, so zu denken, wie ich immer gedacht habe, oder gibt es auch bessere Möglichkeiten?" Ziehen Sie Gottes Wort zu Rate. Es wird Ihnen helfen, alles auf die Reihe zu bringen.

Infolge Ihres konsequenten Verhaltens wird es auch Ihrem Partner besser gehen – und Sie erhalten den so dringend benötigten Seelenfrieden.


*Zum Nachdenken über ...*

... Dankbarkeit: Psalm 100; 1. Thessalonicher 5, 16-18.

... Neid: Psalm 37, 1-11; Jakobus 3 , 13-18.

... Selbstgerechtigkeit: Römer 3, 21-24; 1. Johannes 1, 8-10.

... Vergebungsbereitschaft: Matthäus 6, 12-15; 18, 21-35; Markus 11, 25.

... Schuldgefühle: Römer 8, 1-3; Hebräer 10, 22; 1. Johannes 3, 19.20.

# Teil V:
# Frieden statt Streit

## Kapitel 15:
## Entschärfen Sie den Streit

*„Siehe, ein kleines Feuer, welch einen Wald zündet's an. Auch die Zunge ist ein Feuer, eine Welt voll Ungerechtigkeit. So ist die Zunge unter unseren Gliedern: sie befleckt den ganzen Leib und zündet die ganze Welt an und ist selbst von der Hölle entzündet. Mit ihr loben wir den Herrn und Vater, und mit ihr fluchen wir den Menschen, die nach dem Bilde Gottes gemacht sind. Aus einem Mund kommt Loben und Fluchen. Das soll nicht so sein, liebe Brüder" (Jakobus 3, 5b.6.9.10).*

In den meisten Alkoholikerfamilien kommt es immer wieder zu lautstarken, häßlichen und zerstörerischen Auseinandersetzungen. Aus meist geringfügigem Anlaß entladen sich dabei aufgestaute Ängste, Groll und Ärger. Fast nie kann dadurch ein Problem gelöst werden. Statt dessen werden zwischen den Familienmitgliedern neue Mauern errichtet und der Frieden zu Hause wird zerstört. Keiner kann einen Streit gewinnen!

Den Kindern schadet der Streit zwischen ihren Eltern am meisten. Ob sie noch klein sind oder schon Teenager, solche Auseinandersetzungen nehmen ihnen ihr Gefühl der Sicherheit und Geborgenheit. Tragischerweise fühlen sie sich dann meist auch noch schuldig für die Probleme: „Wenn ich nur ein bißchen artiger wäre, dann würden sich meine Eltern nicht streiten."

Wenn es in der Familie Streit gibt, liegt das nicht immer an dem, der am lautesten schreit. Auch mit herausfordernden Blicken, sarkastischen Bemerkungen oder mürrischem Stillschweigen kann man einen Streit provozieren. Und wenn das Streiten erst einmal angefangen hat, kann man fast nicht mehr aufhören. Deshalb versuchen Sie auf alle Fälle, Streit zu vermeiden, auch wenn Ihr Partner Sie manchmal förmlich darum anzubetteln scheint.

Vielleicht ist Ihr Mann, wenn er getrunken hat, streitsüchtig und herausfordernd. Für alles, was schiefläuft, schiebt er Ihnen die Schuld zu. Es scheint, als könnten Sie überhaupt nichts mehr richtig machen. Er mäkelt an allem herum – an Ihrer Haushaltsführung, dem Essen, Ihren Erziehungsmethoden, Ihrem Glauben, Ihrem Beruf und Ihrem Aussehen. Und wenn Sie sich gegen diese Beschuldigungen wehren, wird alles nur noch schlimmer.

Ein Hauptgrund für solche Streitlust sind die Schuldgefühle und der Selbsthaß des Alkoholkranken. Er steht dadurch unter so starkem seelischen Druck, daß er versucht, sich zu entlasten, indem er diese Gefühle auf einen anderen überträgt. Und da sind Sie natürlich das erste Opfer, weil Sie ihm am nächsten stehen. Mit Ihrer Persönlichkeit hat das gar nichts zu tun. Jemand aus meiner Selbsthilfegruppe hat einmal gesagt: „Wenn Florence Nightingale mit einem Alkoholiker verheiratet gewesen wäre, hätte er ihr gesagt, sie sei eine unfähige Krankenschwester."

Wenn Sie diesen Mechanismus kennen und durchschauen, wird Ihnen das helfen, nicht mehr so viele unangebrachte Schuldgefühle mit sich herumzuschleppen. Denken Sie immer wieder daran, daß es sein schlechtes Gewissen ist, das ihn dazu veranlaßt, Ihnen Schuldgefühle einzureden. Außerdem wird er möglicherweise versuchen, alle Ihre Bemühungen herunterzumachen, die Dinge in Ihrer Familie zum Besseren zu wenden. Nehmen wir einmal an, Ihr Mann hat sich über den Dreck und das Chaos zu Hause beschwert, woraufhin Sie die ganze Woche damit verbracht haben, das Haus auf Hochglanz zu bringen. Und dann kommt er nach Hause und beschwert sich über eine Gardine, die nicht ganz gerade hängt. Dann sollten Sie sich bewußt machen, daß er sich einfach immer beschweren muß, und daß er deshalb auch immer einen Grund zur Beschwerde finden wird.

Noch aus einem weiteren Grund sucht der Alkoholkranke ständig Streit: Er möchte, daß Sie ihm gegenüber die Rolle des

Strafenden übernehmen. Wenn er Sie dazu bringen kann, ihn anzu-
schreien, dann erlebt er Ihren Ärger als eine Art von Bestrafung oder
Buße, die ihm die Schuldgefühle wegen seines Trinkens nimmt.

Wenn Sie die Motive des Alkoholkranken besser verstehen, werden Sie seine Angriffe nicht mehr so persönlich nehmen und deshalb auch nicht mehr so scharf darauf reagieren. Allein dadurch
wird sich viel Streit vermeiden lassen. Und nun noch weitere Tips
zum Umgang mit Streitigkeiten:

1. *Tun Sie sich selbst jeden Tag etwas Gutes.* Es ist gar nicht so
   leicht, mit jemandem zu streiten, der zufrieden und fröhlich
   ist. Und was für Sie gut ist, kommt auch dem Alkoholkranken
   zugute.

2. *Beten Sie jeden Tag* darum, daß Sie beide einen guten Tag erleben. Bitten Sie Gott um Kraft und Weisheit für schwierige
   Situationen.

3. *Erlernen Sie die „Sprache der Liebe" des Alkoholkranken* (vgl.
   Kapitel 12). Wenn Sie ihn bewußt immer wieder Ihre Liebe
   spüren lassen, sind Sie weniger anfällig für falsche Schuldgefühle. Bauen Sie ihn auf, indem Sie ihm danken, wenn er Ihnen
   einen Gefallen getan hat, wie klein er auch sei.

4. *Wenn Sie den Alkoholkranken mit bestimmten Dingen konfrontieren wollen, wie ich das schon ausgeführt habe, dann tun Sie
   das am Morgen.* Abends geraten die Dinge viel leichter außer
   Kontrolle, weil sich dann jeder auf dem körperlichen und geistigen Tiefpunkt befindet und der Alkoholkranke dann wahrscheinlich mehr Alkohol im Blut hat.

5. *Hören Sie nicht auf, an sich selbst zu arbeiten,* aber seien Sie
   auch nicht ungeduldig mit sich selbst. Jahrelang praktizierte
   Verhaltensmuster und Einstellungen ändern sich nicht über
   Nacht.

6. *Erinnern Sie sich immer wieder daran,* daß die Mißhandlungen
   mit Worten ihre Ursache im Selbsthaß des Alkoholkranken
   haben. Lassen Sie nicht zu, daß er Ihr Selbstwertgefühl zerstört. Sie haben es wirklich nicht verdient, schlecht behandelt
   zu werden.

7. *Bleiben Sie ruhig.* Wir alle neigen dazu zurückzuschreien,
   wenn wir angeschrien werden. Wenn Sie leise antworten, wird

der andere wahrscheinlich ebenfalls leiser sein müssen, um Sie verstehen zu können. Ihre Stimme sollte möglichst gelassen und freundlich klingen. Stellen Sie sich vor, Ihre Auseinandersetzung würde auf Tonband aufgenommen. Wie würde sich Ihre Stimme dann anhören?

8. *Versuchen Sie, allgemeine Antworten zu geben,* wie etwa: „Aha, so siehst du das also." Es ist besser, etwas Allgemeines zu sagen, als ein feindseliges Schweigen aufrechtzuerhalten. „Eine linde Antwort stillt den Zorn; aber ein hartes Wort erregt Grimm" (Sprüche 15, 1).

9. *Versuchen Sie, beleidigte Reaktionen zu vermeiden.* Wenn Sie weinen, schreien, sich verteidigen oder Gegenanschuldigungen erheben, erlebt Ihr Partner das als Bestätigung: „Es hat wieder einmal funktioniert." Dann können Sie davon ausgehen, dasselbe demnächst wieder zu hören zu bekommen.

10. *Reizen Sie den Alkoholkranken nicht,* indem Sie sagen: „Du hast wieder getrunken." Er weiß es sowieso, und er weiß auch, daß Sie es wissen. Ihre Wut ändert nichts an seinem Verleugnungsmechanismus.

11. *Wechseln Sie das Thema.* Ein Alkoholkranker ist oft genauso leicht abzulenken wie ein Kleinkind. Machen Sie sich das zunutze. Wenn er mit einem heiklen Thema anfängt, fragen Sie ihn einfach nach etwas anderem. Zum Beispiel: „Schau mal, hier ist ein Artikel über den neuen Opel. Wie gefällt er dir?" Vielleicht beruhigt er sich nicht, aber er wird abgelenkt und wechselt das Thema.

12. *Musik beruhigt.* Musik kann einen Streit verhindern und lenkt außerdem ab. Jede Art von Musik, die der Alkoholkranke gern mag, ist brauchbar. Es spielt keine Rolle, ob Sie eine Platte auflegen, das Radio anstellen oder selbst ein Instrument spielen.

13. *Hören Sie Ihrem Partner gut zu* und pflichten Sie ihm bei, wenn es möglich ist. Wenn er Sie beschimpft, dann können Sie ruhig abschalten. Aber wenn Sie etwas aufschnappen, das sich vernünftig anhört, sollten Sie ihm zustimmen. Wenn er erwartet, bei Ihnen automatisch auf Widerstand zu stoßen, wird ihm das den Wind aus den Segeln nehmen. Damit Sie sichergehen, daß Sie ihn auch richtig verstanden haben, sollten Sie seinen

Gedanken wiederholen: „Du meinst also, wir sollten uns einen neuen Heizkessel anschaffen, anstatt noch eine Reparatur zu bezahlen?"

14. *Predigen Sie nicht.* Während einer Auseinandersetzung ein Glaubenszeugnis abzulegen, geistliche Lieder zu singen oder Bibelstellen zu zitieren, schadet mehr, als es nützt.

## Streitpunkt Sex

Sexualität in der Ehe ist ein natürliches, wunderbares Geschenk Gottes. Unter normalen Umständen sollten sich Ehepartner nicht einander entziehen. In dem Buch eines wohlmeinenden Autors las ich, die Frau bzw. der Mann habe die Pflicht, dem Ehepartner Sex zu verweigern, wenn dieser unter Alkoholeinfluß steht. Ich halte das nicht für gut. Zum ersten kann man sich häufig nicht sicher sein, ob der andere getrunken hat und wieviel. Und warum sollten Sie nicht mit Ihrem Mann schlafen, wenn Sie sich danach fühlen und es Ihnen Freude macht? Außerdem ist es bestimmt nicht gut, wenn Sie Sex als Belohnung oder Bestrafung für den trinkenden Ehepartner einsetzen.

Es kann aber auch sein, daß Sie sich von Ihrem betrunkenen Partner abgestoßen fühlen und deshalb nicht mit ihm schlafen wollen. Das ist nur zu verständlich, denn wenn er unter Alkoholeinfluß steht, mag er verschwitzt und schmutzig sein, nach Alkohol riechen oder Sie beschimpfen. Möglicherweise kann er die Erektion nicht aufrechterhalten, oder er setzt den Verkehr zu lange fort, ohne daß er einen Höhepunkt erreicht. Niemand ist verpflichtet, sich so erniedrigenden Umständen zu unterwerfen.

Seien Sie erfinderisch. Suchen eine Möglichkeit, Ihrem Mann auf taktvolle Art und Weise „nicht jetzt" zu sagen, und er wird verstehen, daß Sie nicht „nie wieder" meinen. Mit Antworten wie „Laß uns noch warten" oder „Wie wär's mit morgen?" stoßen Sie Ihren Partner nicht so vor den Kopf wie mit einem glatten „Nein".

# Streitpunkt Finanzen

Die Geldfrage ist in vielen Familien ein heikles Thema. Der Alkoholmißbrauch verschlimmert jedoch finanzielle Probleme noch mehr, weil viel Geld für Alkohol ausgegeben wird. Auch wenn man darüber anders denken kann, so meine ich doch, daß der Partner eines Alkoholkranken das Recht hat, sein Geld getrennt zu halten, wenn damit der familiäre Bankrott verhindert werden kann. Zwar sollten im Idealfall Mann und Frau als ein Team zusammenarbeiten und miteinander ihre finanziellen Ziele abstecken und sich danach richten. Doch wenn das nicht geht, weil einer der Partner aufgrund der Alkoholkrankheit nicht mehr verantwortlich mit Geld umgehen kann, muß man andere Möglichkeiten finden.

Vertrauen Sie darauf, daß Gott Ihre wirklichen Bedürfnisse erfüllen wird. Stecken Sie Ihre Erwartungen nicht zu hoch, beschränken Sie sich auf Grundbedürfnisse. Seien Sie sparsam und sorgen Sie vor. Versuchen Sie, möglichst nicht in die roten Zahlen zu rutschen. Und machen Sie aus Geldfragen und -problemen kein Geheimnis. Beide Partner sollten sämtliche Kontostände, Schulden, Anlagen, Versicherungen und so weiter kennen.

Denken Sie immer wieder daran, daß viele Streitigkeiten vermieden oder entschärft werden können, wenn Sie eine vernünftige Einstellung beibehalten und auf Herausforderungen ruhig reagieren.

*Zum Nachdenken über ...*

... Streit: Sprüche 12, 16; 17, 1. 19; 20, 22.
... Geldfragen: Matthäus 6, 33; 2. Thessalonicher 3, 10-13;
    1. Timotheus 5, 8.

# Kapitel 16:
## Lassen Sie sich nicht mißhandeln!

*„Wenn mein Feind mich schmähte, wollte ich es ertragen; wenn einer, der mich haßt, groß tut wider mich, wollte ich mich vor ihm verbergen. Aber nun bist du es, mein Gefährte, mein Freund und mein Vertrauter, die wir freundlich miteinander waren" (Psalm 55, 13-15).*

„Mißhandeln" heißt falsch behandeln oder verletzen. Es ist eine schreckliche Verletzung, wenn jemand Sie mißhandelt, den Sie lieben und dem Sie vertrauen – jemand, von dem Sie annahmen, er würde Sie fürs ganze Leben lieben. Mißhandlungen fangen nicht erst da an, wo jemand geschlagen oder getreten wird. Auch Mißhandlungen mit Worten wie Beleidigungen und Beschimpfungen, können verletzen und die Selbstachtung zerstören.

*Dadurch kann man verletzt werden:*

- Feindliches Schweigen.
- Arroganz – der andere hat immer Recht, nur seine Meinung zählt.
- Die Leistungen des anderen sind großartig, Ihre bedeutungslos. Er tut so, als täte er Ihnen einen Gefallen, wenn er sich überhaupt mit Ihnen abgibt.
- Der andere leugnet verschiedene Dinge, die Sie selbst gesehen oder gehört haben, selbst dann, wenn er weiß, daß sie stimmen. „Deine Phantasie muß dir wohl wieder mal einen Streich gespielt haben."
- Er spielt in der Öffentlichkeit den Charmeur und daheim den Tyrannen.
- In der Öffentlichkeit läßt er Sie links liegen, überhört Ihre Fragen, geht vielleicht weg, ohne ein Wort zu sagen.

● Er flirtet offen mit anderen Frauen und deutet an, sie seien viel attraktiver als Sie.

Wie ein kleines, unsicheres Schulkind versucht der Alkoholkranke auf diese Weise, sein Ich auf Ihre Kosten aufzupolieren. Obwohl solches Verhalten natürlich sehr verletzt, sollten Sie es nicht auch noch mit starken Gefühlsausbrüchen bestätigen und verstärken.

Auch Einschüchterungen, wenn also jemand versucht, durch Drohungen seinen Willen durchzudrücken, sind eine Form von Gewalt und Mißhandlung. Oft fängt das damit an, daß der Alkoholkranke droht, Sie zu schlagen, zu verletzen oder gar umzubringen, wenn Sie nicht gefügig sind. Dann geht es vielleicht damit weiter, daß die Wohnung „mißhandelt" wird: Türen werden eingetreten, Löcher in die Wände geschlagen und so weiter. Vielleicht schaltet er das Licht aus, wenn Sie lesen wollen, oder er schaltet es an, wenn Sie schlafen wollen. Er zieht Ihnen nachts die Bettdecke weg oder schmeißt das Geschirr auf den Boden. Einschüchterungen sind alle Handlungen, die darauf abzielen, Sie mit Gewalt, Drohungen oder Angst zu beherrschen.

Körperliche Mißhandlungen folgen den Einschüchterungen normalerweise sehr bald. In der Regel beginnen sie weniger schwer, wie zum Beispiel damit, daß das Opfer herumgeschubst oder ihm der Finger in die Rippen gebohrt wird, um etwas Bestimmtes zu erreichen.

Schließlich kann es so weit gehen, daß das Opfer geschlagen, verbrüht, getreten, verprügelt oder gar vergewaltigt wird. In Extremfällen enden solche Mißhandlungen mit dem Tod – das Opfer wird erwürgt, erstochen, erschossen oder erliegt den inneren Verletzungen. Gelegentlich wird der Gewalttäter von seinem Opfer umgebracht, weil es sich einfach nicht mehr anders zu helfen weiß.

Wenn es in einer Partnerschaft erst einmal zu körperlichen Mißhandlungen gekommen ist, werden sie meist immer schlimmer, je länger sie zugelassen werden. Sie können sicher sein: Wenn Sie nicht etwas unternehmen, um aus diesem Teufelskreis auszubrechen, wird es nicht besser werden.

Meist neigen sowohl der Täter als auch das Opfer von Mißhandlungen dazu, diese Vorfälle zu verharmlosen. Der Täter mag am

Tag nach einem solchen „Ausrutscher" selbst zutiefst schockiert sein und versprechen, so etwas werde nie wieder vorkommen. Das Opfer möchte ihm Glauben schenken: „Es war nur dieses eine Mal. Es wird schon alles wieder gut, denn eigentlich ist er doch wirklich ein netter Kerl. Ich muß ihm noch eine Chance geben." Doch in Wirklichkeit wird die Situation, auch wenn sie sich erst einmal für eine Weile beruhigt, am Ende nur immer schlimmer, wenn man nichts gegen die Mißhandlungen unternimmt.

## Ursachen der Mißhandlungen

Gewalt in Familien ist häufig mit dem Mißbrauch von Alkohol oder anderen Drogen verbunden. Oft liegen die Gründe dafür aber auch in der Vergangenheit: Viele Menschen, die ihren Partner oder ihre Kinder mißhandeln, sind selbst als Kinder mißhandelt worden oder haben Gewalt zwischen ihren Eltern erlebt. Auch geringe Selbstachtung und Selbsthaß können zu Gewaltanwendung anderen gegenüber führen.

Es kann auch sein, daß bei Mißhandlungen dämonische Mächte mit im Spiel sind. Dies gilt besonders dann, wenn Persönlichkeit, Stimme und Gesichtsausdruck des Täters ganz anders sind als sonst. Ich denke, daß wir Christen diesen Einflüssen gegenüber manchmal viel zu blind sind. Eine Freundin von mir hat hautnahe Erfahrungen mit diesem Problem gemacht. Sie entdeckte, daß ihr Mann wieder ruhig wurde, wenn sie dann betete.

## Was ist bei Mißhandlungen zu tun?

Wenn Sie unter Mißhandlungen leiden, insbesondere unter körperlichen Mißhandlungen, dann sollten Sie zweierlei tun. Erstens sollten Sie Gott um Hilfe und Schutz bitten und zweitens sich um jede menschliche Hilfe bemühen, die Sie bekommen können. In vielen Städten gibt es Einrichtungen für mißhandelte Frauen und ihre Kinder. Die Rufnummer finden Sie im Telefonbuch. Möglicherweise gibt es auch in Ihrem Bekanntenkreis oder in Ihrer

Gemeinde jemanden, der in solchen Notsituationen liebend gerne sein Haus für Sie öffnen würde, selbst wenn es einmal mitten in der Nacht nötig sein sollte. Trauen Sie sich, die Hilfe anzunehmen, die Ihnen angeboten wird.

Setzen Sie sich ehrlich und ohne etwas vor sich selbst zu beschönigen oder zu verharmlosen mit Ihrer Situation auseinander. Sprechen Sie darüber mit Ihrem Seelsorger oder mit jemand anderem, zu dem Sie Vertrauen haben und von dem Sie annehmen können, daß er Sie versteht. Selbst wenn die Mißhandlungen „nur" mit Worten geschehen, ist das wichtig, denn jede Mißhandlung zerstört etwas in Ihnen.

## Die Frage der Unterordnung

Den Christen in Kolossä schrieb der Apostel Paulus: „Ihr Frauen, ordnet euch euren Männern unter, wie sich's gebührt in dem Herrn" (Kolosser 3, 18). Dieser Gedanke der Unterordnung ist auch heute noch gültig, er wird jedoch oft mißverstanden und falsch ausgelegt. Sich ihrem Mann unterzuordnen bedeutet nicht, daß die Frau ihm blindlings gehorchen muß, und auch nicht, daß sie ihn auf sich herumtrampeln lassen muß. Es heißt auch nicht, daß eine Frau ihrem Mann gegenüber immer nachgiebig und fügsam sein muß. So gäbe sie ihm nämlich die Möglichkeit, seine egoistischen Ziele durchzusetzen, und die Folge wäre eine ungesunde, unausgewogene Beziehung. Die Ehe würde so zu einem schlimmen Machtkampf, wo kein Partner den anderen wirklich respektiert.

Unterordnung ist kein blindes Sichfügen. Das wird deutlich, wenn es zum Beispiel um Alkohol am Steuer geht. Nehmen Sie es nicht hin, wenn Ihr Partner betrunken Auto fährt. Machen Sie hier die Grenzen deutlich. Fahren Sie niemals mit einem Betrunkenen mit und verbieten Sie auch Ihren Kindern, zu einem Betrunkenen ins Auto zu steigen, selbst wenn das ihr Vater ist.

Lassen Sie sich nicht dadurch irritieren, daß manche Ihrer Bekannten oder Angehörigen diesen Standpunkt übertrieben finden. Bleiben Sie dabei: Lehnen Sie Einladungen ab, wenn anzunehmen ist, daß Ihr Mann später auf dem Heimweg betrunken ist, oder sehen Sie sich nach einer anderen Fahrmöglichkeit um. Schieben Sie notfalls eine Übernachtung ein, auch wenn Sie das ursprünglich nicht so geplant hatten. Verbieten Sie Ihrem kleinen Sohn, mit seinem Onkel zum Sportplatz zu fahren, wenn es wahrscheinlich ist, daß sich der Onkel dort betrinkt. Und sagen Sie Ihrem Mann notfalls: „Wenn du jetzt mit dem Kind losfährst, rufe ich die Polizei."

Keine fünf Kilometer von unserem Haus entfernt kam einmal ein Auto von der Straße ab, überschlug sich und blieb in einem Graben liegen. Das junge Paar kam ohne Verletzungen davon, aber ihr kleiner Sohn wurde bei dem Unfall getötet. Der Vater wurde wegen Fahrens unter Alkoholeinfluß angeklagt. Die Mutter kam nicht vor Gericht, aber sie wird mit dem Wissen leben müssen, daß sie den Tod ihres Sohnes hätte verhindern können.

## Darf ein Christ sich von seinem Partner trennen?

In extremen Fällen ist eine Zeit der Trennung für einen mißhandelten Partner manchmal die einzige Möglichkeit, in Frieden und Sicherheit zu leben. Oft wird sich der mißhandelnde Partner nur so überzeugen lassen, daß diese Zustände aufhören müssen. Aber sagt die Bibel nicht, daß Christen sich nicht scheiden lassen dürfen? „Den Verheirateten gebiete nicht ich, sondern der Herr, daß die Frau sich nicht von ihrem Mann scheiden soll – hat sie sich aber geschieden, soll sie ohne Ehe bleiben oder sich mit ihrem Mann versöhnen – und daß der Mann seine Frau nicht verstoßen soll" (1. Korinther 7, 10.11).

Beachten Sie die Worte „hat sie sich aber geschieden" in dem Bibelvers. Nach meiner Meinung wird damit angedeutet, daß eine Trennung, obwohl sie normalerweise nicht das Richtige ist, manchmal nötig werden kann. So wie ich es sehe, soll eine Trennung unter Christen aber nicht von Dauer sein, weil es nach meiner Überzeugung für einen Christen keinen Grund geben sollte, sich von seinem Partner scheiden zu lassen. Manche Theologen sagen allerdings, daß dies unter bestimmten Umständen, so zum Beispiel bei fortgesetztem Ehebruch, erlaubt sei. Wenn ein Christ seinen Partner verläßt, weil dieser ständig betrunken ist oder immer wieder gewalttätig wird, sollte das meiner Meinung nach mit der Absicht geschehen, dem Partner treu zu bleiben, und in der Hoffnung, eines Tages wieder zu ihm zurückkehren zu können. Es ist nur vernünftig, wenn man die Teilnahme des Partners an einem Rehabilitationsprogramm oder eine Eheberatung zur Bedingung für ein weiteres Zusammenleben macht.

Wenn Ihr Partner Sie verlassen will, dann ist es in Ordnung, ihn ohne Sträuben gehen zu lassen (vgl. 1. Korinther 7, 12-16).

Wenn Sie aber gegen eine Scheidung sind, dann sollten Sie das auch klar zum Ausdruck bringen. Doch leisten Sie nicht verzweifelten Widerstand. Wenn der Alkoholkranke Sie zurückweist, geschieht das möglicherweise, weil Sie eine zu große Bedrohung für seine Sucht darstellen. Damit, wie attraktiv Sie als Frau oder Ehepartnerin sind, hat das in der Regel nichts zu tun. Arbeiten Sie nur weiterhin an Ihrem persönlichen Wachstum, sonst kann es Ihnen passieren, daß Sie – Ihren besten Vorsätzen zum Trotz – eine weitere ähnlich ungesunde Beziehung eingehen.

Als nächstes stellt sich die Frage, wie schlimm es denn werden muß, bevor Sie eine Trennung in Betracht ziehen können. Das kann jedoch niemand anders als Sie allein entscheiden. Niemand weiß besser als Sie, wie sehr die Mißhandlungen Sie verletzt haben oder was Sie noch aushalten können, ohne daran zu zerbrechen. Bevor Sie eine solche Entscheidung treffen, sollten Sie jedoch viel Zeit im Gebet verbringen. Und hören Sie nicht auf die unerwünschten „guten Ratschläge", die man Ihnen vielleicht gibt. Viele Leute, die Ihnen großspurig raten, „den Penner endlich rauszuschmeißen", kümmern sich nicht mehr um Sie, wenn Sie ohne Geld, einsam und hilfsbedürftig dastehen. Und jene, die schockiert darüber sind, daß Sie erwägen zu gehen, mußten noch nicht mit Mißhandlungen leben. Viele Christen, auch Pastoren, haben solche Probleme nie kennengelernt und haben recht naive Ansichten über Mißhandlungen. Seien Sie auch vorsichtig, wenn Sie vielleicht nach reiflichem Überlegen ihrem Mann ein Ultimatum stellen wollen. Drohen Sie nicht damit zu gehen, wenn Sie nicht wirklich dazu bereit sind.

Wenn Sie sich für eine Trennung entscheiden, sollten Sie Ihrem Partner sagen, daß Sie ihm trotz der Trennung treu bleiben wollen, daß Sie zwar das gemeinsame Heim, aber nicht die Ehe verlassen wollen. Sagen Sie ihm, was Ihre Bedingungen für ein weiteres Zusammenleben sind. Ein Rechtsanwalt wird Ihnen dabei helfen können, die finanziellen Fragen sowie den Aufenthalt der Kinder und anderes zu klären.

Während der Zeit der Trennung sollten Sie stets darauf bedacht sein, die emotionale Loslösung von Ihrem Partner aufrechtzuerhalten. Erkundigen Sie sich nicht dauernd nach seinem Befinden. Seien Sie darauf gefaßt, daß er eine Freundin haben wird. Suchen Sie sich einen guten Seelsorger, bei dem Sie sich aussprechen können, lassen Sie jedoch niemanden Entscheidungen für Sie treffen. Freuen Sie sich an Ihrer neuen Freiheit, an dem relativen Frieden und der Ruhe. Wenn Ihnen Ihr Leben nun leer erscheint, dann füllen Sie die Lücken zum Beispiel mit einem neuen Hobby oder mit Fortbildung im Beruf. Wenn möglich, sollten Sie allein wohnen und nicht bei Verwandten oder Freunden. Sie sind ein erwachsener Mensch und können auf eigenen Füßen stehen. Bringen Sie sich selbst nicht in Versuchung und hüten Sie sich vor zu engen Freundschaften mit dem anderen Geschlecht.

Um das Gesagte auf den Punkt zu bringen: Sie brauchen sich nicht Mißhandlungen auszusetzen, nur weil Sie Christ sind. Es wäre auch kein Zeichen besonderer Liebe, wenn Sie das tun, denn die Mißhandlungen schaden nicht nur Ihnen, sondern auch Ihrem Partner. Bitten Sie Gott, Ihnen den besten Weg aus diesem Teufelskreis heraus zu zeigen. Es wird nicht einfach sein – aber haben Sie eine andere Wahl?


*Zum Nachdenken über: ...*

... Ehe und Scheidung: Matthäus 19, 3-9; 1. Korinther 7, 10-16; Epheser 5, 21-33; 1. Petrus 3, 1-7.

# Teil VI:
## Gesunde Selbstliebe statt Märtyrerhaltung

## Kapitel 17:
## Selbstachtung ist nicht Selbstsucht

*„Du sollst den Herrn, deinen Gott, lieben von ganzem Herzen, von ganzer Seele und von ganzem Gemüt. Dies ist das höchste und größte Gebot. Das andere aber ist dem gleich: Du sollst deinen Nächsten lieben wie dich selbst. In diesen beiden Geboten hängt das ganze Gesetz und die Propheten" (Matthäus 22, 37-40).*

Haben Sie schon einmal darüber nachgedacht, was diese Bibelstelle wirklich besagt? Manchmal legen wir sie falsch aus und denken, sie bedeute: „Liebe deinen Nächsten *statt* dich selbst." Aber nein – es heißt, wir sollen Gott zuallererst lieben und dann unseren Nächsten wie uns selbst. Jesus setzt voraus, daß wir eine natürliche Selbstliebe haben, die wir als Bezugspunkt für unsere Nächstenliebe nehmen können. Wenn Sie sich selbst aber nicht lieben, wie können Sie dann andere lieben? Jesus sagt weiter: „Alles nun, was ihr wollt, daß euch die Leute tun sollen, das tut ihnen auch!" (Matthäus 7, 12.) Wenn Sie keine Vorstellung davon hätten, wie Sie von anderen mit Anstand und Respekt behandelt werden wollen, dann wüßten Sie auch nicht, wie Sie andere behandeln sollen.

Ein gewisses Maß an Selbstliebe ist also nicht nur erlaubt, sondern absolut notwendig, um gute Beziehungen aufbauen zu können.

Wenn ein Baby geboren wird, ist es wie ein großes, leeres Gefäß. Wenn seine Mutter und andere nahe Bezugspersonen Liebe und Zuwendung in dieses Gefäß füllen, dann beginnt die Liebe irgendwann überzufließen. Das Baby kann nun andere liebhaben.

Was aber geschieht, wenn niemand dem Baby so viel Liebe und Zuwendung zukommen läßt, wie es braucht? In solchen Fällen lernt das Kind, niemandem allzusehr zu vertrauen und sich auf niemanden zu verlassen. Wenn das Kind niemals in den Arm genommen und geküßt wird und etwas Liebes zu hören bekommt, ist es eines Tages überzeugt, wertlos zu sein. Zwar mag solch ein Kind auch lernen, auf die Bedürfnisse anderer einzugehen. Aber das tut es dann oft nur, um wenigstens ein bißchen Anerkennung zu erhaschen oder aber um Bestrafungen und Mißhandlungen zu entgehen. Weil es selbst keine selbstlose Liebe empfangen hat, kann es sie auch nicht an andere weitergeben.

Eine Mutter, die ihr Kind umsorgt und liebt, zeigt ihm damit, daß es für sie wertvoll und liebenswert ist. Das Kind spürt das und empfindet sich dann auch selbst als wertvoll. Es fühlt sich sicher und geborgen. Ein Kind hingegen, das nur wenig Liebe und Fürsorge erfährt, entwickelt auch nur geringe Selbstachtung. Es fühlt sich unsicher und nicht liebenswert und wagt kaum, jemandem zu vertrauen.

Wer als kleines Kind kein gesundes Selbstwertgefühl entwickeln konnte, neigt unglücklicherweise als Erwachsener dazu, Freundschaften und Beziehungen zu suchen, in denen er weiter herabgesetzt wird. Weil er eine schlechte Meinung von sich selbst hat, wählt er zum Beispiel einen Alkoholkranken zum Partner, also jemanden, der mit sich selbst beschäftigt ist und ihn wahrscheinlich nicht sehr gut behandeln wird. Denn er ist sich nicht sicher, ob er überhaupt eine anständige Behandlung verdient.

Die negativen Denkmuster, die sich seit seiner Kindheit in ihm verfestigt haben, arbeiten gegen ihn. So sagt er sich zum Beispiel:

- Ich versage dauernd.
- Wenn ich etwas gut mache, zählt das nicht. Jeder andere könnte das schließlich genauso gut oder noch besser.
- Wenn etwas schiefgeht, dann ist das immer meine Schuld.
- Keiner hat mich lieb; warum sollte mich jemand lieb haben?
- Andere Leute sind klüger und besser als ich.
- Wenn mich jemand heruntermacht, dann muß er wohl recht damit haben.
- Egal, was ich auch versuche – es klappt sowieso nicht.

Wenn Sie solche negativen Gedanken bei sich selbst kennen, hilft es Ihnen vielleicht, ihnen positive Gedanken entgegenzustellen:

- Gott hat mich lieb, deshalb gibt es auch Liebenswertes an mir.
- Es gibt Leute, die mich mögen und respektieren.
- Manches, was ich tue, gelingt mir gut.
- Ich habe bestimmte Gaben und Fähigkeiten.
- Wenn ich manchmal einen Fehler mache, ist das ganz normal. Ich bin schließlich ein Mensch.
- Ich habe nicht immer Schuld an allem, was schiefgeht, und andere wissen auch nicht immer mehr als ich.
- Ich bin klug, begabt und stark genug, um mit Gottes Hilfe mein Leben zu meistern.

Vielleicht hilft es Ihnen, wenn Sie sich einige dieser positiven Gedanken auf Karteikärtchen aufschreiben und sie irgendwo aufheben, wo Sie öfter einmal danach greifen und sie anschauen und durchlesen können. Sie können auch Bibelverse verwenden, wie zum Beispiel Philipper 4, 13: „Ich vermag alles durch den, der mich mächtig macht, Christus."

Negatives Denken und falsche Schuldgefühle führen zu falschem Märtyrertum. Ein wirklicher christlicher Märtyrer ist jemand, der wegen seines Glauben verfolgt wird und trotzdem dazu steht. Bei einem falschen Märtyrer liegen die Dinge anders. Er denkt: „Es ist meine Aufgabe – oder mein Schicksal –, für andere zu leiden und unglücklich zu sein, damit sie glücklich werden können." Ein falscher Märtyrer gründet seine Identität auf sein Leiden für andere und wüßte ohne dies nicht weiter.

Falsches Märtyrertum hat wenig mit Liebe zu tun, da der „Märtyrer" dadurch nur sein lädiertes Selbstwertgefühl aufpolieren will. Und wenn seine Angehörigen, „für die er alles aufgegeben hat", dieses Opfer am Ende nicht genügend anerkennen, wird er wütend und verbittert. Kennen Sie solche Gefühle von sich selbst? Vielleicht hilft Ihnen da, wenn Sie sich klarmachen: am Ende geht es niemandem besser, wenn Sie sich für ihn aufgeben, aber Ihnen selbst wird es dadurch auf jeden Fall schlechter gehen. Außerdem führt eine solche Haltung nur dazu, daß die Alkoholkrankheit Ihres Partners verlängert wird und die Beziehungen in Ihrer Familie weiter ungesund bleiben.

# Gewinnen Sie neue Perspektiven

Geringe Selbstachtung und negatives Denken führen manchmal zu Depressionen. Dann fühlt man sich hilflos und niedergeschlagen und glaubt, nicht genug Kraft zu haben, um irgend etwas richtig zu machen oder Dinge zum Besseren zu verändern. Wenn man überzeugt ist, daß sowieso nichts von dem, was man unternimmt, auch nur das geringste ändert, dann gibt man früher oder später auf, überhaupt etwas zu versuchen. Die einfachsten, alltäglichen Pflichten erscheinen einem dann zu schwer.

Glücklicherweise dauert solch ein Zustand bei mir nur wenige Stunden. Bei anderen kann dies tage-, wochen-, gar monatelang so gehen. Es gibt einiges, was Ihnen helfen kann, wenn depressive Gedanken Sie überkommen. Es ist dann wichtig, daß Sie etwas Konstruktives tun, egal was, egal wie geringfügig. Wenn Ihnen eine Aufgabe zu groß vorkommt, dann zerlegen Sie sie in lauter kleine Schritte und nehmen Sie sich einen nach dem anderen vor. Wenn Ihnen zum Beispiel die Schreibarbeiten außer Kontrolle geraten, dann nehmen Sie sich vor, sich für nur fünf Minuten an den Schreibtisch zu setzen, einen Brief zu öffnen und durchzulesen. Womöglich tun Sie dann sogar noch einiges mehr.

Wenn Ihnen „ein Tag auf einmal" zuviel ist, dann nehmen Sie sich eine Stunde oder nur eine Viertelstunde nach der anderen vor. Wenn ich depressiv bin, denke ich manchmal, ich könnte nicht aufstehen und ins Badezimmer gehen, um zu duschen. Dann sage ich mir: „Ich werde jetzt nur ein paar frische Sachen holen und sie ins Badezimmer bringen, sonst nichts." Wenn ich einmal aufgestanden bin, macht es mir dann meist auch nichts mehr aus zu duschen. Es geht einfach um ein anderes Denkmuster: „Ich kann zwar nicht alles machen, aber doch ein bißchen. Dies oder das kann ich tun ..." Erma Bombeck hat dazu einmal gesagt: „Lerne dich selbst kennen. Und dann überliste dich selbst."

Es kann auch hilfreich sein, wenn Sie kleine Veränderungen Ihrer eingefahrenen Gewohnheiten vornehmen. Wenn Ihnen ein Ausflug zuviel ist, dann gehen Sie einfach spazieren. Oder nehmen Sie einen anderen Weg zur Arbeit oder zum Einkaufen. Wenn Ihnen auch das zuviel ist, dann setzen Sie sich bei Tisch zum

Beispiel einfach einmal auf einen anderen als den gewohnten Stuhl. Tun Sie alles, was Ihnen eine andere Perspektive – im wörtlichen Sinne – gibt.

## Lernen Sie, sich selbst zu lieben

Wenn wir die Bibel lesen, insbesondere die Psalmen und die Evangelien, dann bekommen wir eine Ahnung davon, wie wichtig wir Gott sind. Jesus, Gottes Sohn, hat Sie so sehr geliebt, daß er für Sie gestorben ist. Das anzunehmen bedeutet, daß Sie – statt Ihre schlechten Erfahrungen mit Menschen als Grundlage Ihres Selbstwertgefühles zu betrachten – das, was Gott sagt, als Basis für Ihr Leben anerkennen. Weiß Gott nicht viel besser, ob Sie wertvoll sind oder nicht?

Auf dieser Grundlage der Liebe Gottes können Sie daran arbeiten, Ihr Selbstwertgefühl zu verbessern. Hier einige Vorschläge:

1. *Loben Sie sich selbst.* Jeder Mensch braucht Anerkennung. Wenn kein anderer Ihre Leistung lobt, dann tun Sie das selbst. Klopfen Sie sich ruhig einmal selbst auf die Schulter: „Heute hast du wirklich eine Menge Arbeit geschafft, Gaby. Toll!" „Der neue Pullover steht dir wirklich gut, Gertrud." Machen Sie das auch, wenn Sie sich dabei zuerst ein bißchen komisch vorkommen, denn es hilft Ihnen wirklich.

2. *Nehmen Sie Kritik positiv auf.* Lassen Sie sich durch Kritik nicht zu negativen Gedanken über sich selbst hinreißen. Wenn jemand Sie kritisiert, sollten Sie sich vergewissern, ob Sie auch wirklich verstanden haben, was er sagt. Überlegen Sie, ob die Kritik angebracht ist. Wenn ja, dann sprechen Sie mit dem anderen oder vielleicht auch mit einem Unbeteiligten darüber, wie Sie Ihr Verhalten verändern können. Wenn Sie der Ansicht sind, daß die Kritik unberechtigt ist, dann sagen Sie das ganz deutlich: „Das kann ich nicht so sehen wie du. Möchtest du wissen, warum ich das getan habe?"

3. *Vergeben Sie sich selbst.* Haben Sie für bestimmte Dinge in Ihrem Leben von Gott Vergebung erhalten und ernsthafte Schritte unternommen, um sich zu ändern, aber quälen sich

noch immer mit etwas herum, das vor langer Zeit geschehen ist? Lassen Sie es los und vergeben Sie auch sich selbst. Sie brauchen mit sich selbst nicht strenger umzugehen als Gott. Sehen Sie die Verfehlungen Ihrer Vergangenheit im richtigen Licht: Sie sind auch nur ein Mensch, der Fehler machen kann.

4. *Machen Sie sich selbst kleine Geschenke.* Haben Sie sich schon einmal etwas Schönes geleistet, einfach „nur so"? Ein neues Kleidungsstück etwa, ein Fläschchen Parfum, ein interessantes Buch, Ihr Lieblingsgericht zum Mittagessen – dies können wirkliche Geschenke sein. Sicherlich sind Sie auch zu anderen Leuten, die Sie liebhaben, nett und machen ihnen kleine Geschenke. Warum gehen Sie mit sich selbst nicht auch so um?

5. *Nehmen Sie sich hin und wieder eine Weile frei.* Meinen Sie, Sie seien nur dann etwas wert, wenn Sie ständig arbeiten? Sie wünschen doch auch keinem anderen ein Dasein mit ständiger Plackerei! Und Sie selbst haben das auch nicht verdient. Gönnen Sie sich ab und zu eine freie Stunde oder einen freien Tag, an dem Sie nur das tun, was Sie möchten. Das wird Ihnen guttun.

6. *Pflegen Sie Ihr Äußeres.* Wenn Sie besser aussehen, fühlen Sie sich auch besser. Dabei kommt es nicht darauf an, wohin Sie gehen oder wer Sie sehen wird. Machen Sie es für sich selbst. Eine attraktive Frisur und Kleidung, in der Sie gut aussehen und die Ihnen gefällt, hilft Ihnen, sich wohlzufühlen.

7. *Wenden Sie sich Menschen zu, die Sie aufbauen.* Ist Ihnen schon einmal aufgefallen, daß es Leute gibt, deren Nähe Ihnen emotional und geistlich guttut? Versuchen Sie, mit ihnen mehr Zeit zu verbringen und nicht mit den Menschen, die Sie herunterziehen. Lassen Sie auch nicht zu, daß Ihr Partner Sie isoliert, indem er Sie von solchen positiven Menschen fernhält.

8. *Helfen Sie anderen so, wie Ihre Freunde Ihnen helfen.* Wenn jemand in Not ist, dann hören Sie sich seine Probleme an, ohne bei ihm Selbstmitleid zu erwecken oder unerwünschte Ratschläge zu erteilen. Entdecken Sie bei anderen die guten Seiten und sparen Sie nicht mit Lob – die meisten Menschen sehnen sich nach einem ehrlichen Kompliment! Auch das wird Ihnen helfen, sich besser zu fühlen.

9. *Bleiben Sie in Bewegung.* Gymnastik setzt in Ihrem Gehirn

chemische Stoffe frei, die Ihre Stimmung heben. Auch ausgedehnte Spaziergänge können Ihnen helfen, weil sie Ihnen Abwechslung und Bewegung an frischer Luft verschaffen.

10. *Seien Sie kreativ.* Sie sind nach dem Bilde Gottes geschaffen, und deshalb haben Sie schöpferische Kräfte in sich. Wenn Sie diese Kräfte nicht einsetzen, wird Ihr Leben nicht erfüllt sein. Malen, Musizieren, Tanzen, Handarbeiten, Fotografieren, Schreiben, Backen und Gartenarbeit sind nur einige Möglichkeiten, kreativ zu sein. Es kommt nicht darauf an, daß Sie Ausstellungsreifes produzieren. Hauptsache, Sie haben Freude daran.

11. *Gönnen Sie sich regelmäßig Zeit, um zu beten und in der Bibel zu lesen.* Dann werden Sie Gottes Liebe zu Ihnen immer tiefer erkennen, und in ihnen wird das Bewußtsein wachsen, daß Sie wertvoll und liebenswert sind.

Sich selbst zu lieben bedeutet, sich selbst ein guter Freund zu sein. Das ist etwas anderes als Egoismus. Egoistisch verhält sich, wer ohne Rücksicht auf die Bedürfnisse anderer seine eigenen Wünsche und Vorstellungen immer an die allererste Stelle setzt: „Ich tue, was ich will, ohne mich darum zu kümmern, ob ich andere damit beeinträchtige." Wer dagegen sich selbst auf gesunde Weise liebt, kann auch anderen Liebe erweisen, sie verstehen und für sie da sein.

Wenn Sie sich selbst lieben, stellen Sie sich nicht über die anderen, aber auch nicht unter sie. Sie sind ihnen gleichgestellt. Sie können auf Ihre eigenen Bedürfnisse achten, genauso, wie Sie auf die Bedürfnisse anderer achten.

Recht verstandene Selbstliebe ist nicht arrogant, stolz, wichtigtuerisch oder narzistisch. Sie gründet sich auf die Erkenntnis: „Ich bin ein wertvoller Mensch, geschaffen nach dem Bilde Gottes, und deshalb kann ich anderen und mir selbst Gutes tun." Wenn Sie gut für sich selbst sorgen, können Sie auch für andere besser sorgen.

*Zum Nachdenken über …*

… Ihren Wert vor Gott: 1. Mose 1, 27; Psalm 8, 4-6; Römer 8, 38.39; 1. Johannes 3, 1.2; Offenbarung 1, 5.6.

# Kapitel 18:
## Übernehmen Sie Verantwortung für sich selbst

*„Ich preise dich, Herr; denn du hast mich aus der Tiefe gezogen und lässest meine Feinde sich nicht über mich freuen. Herr, mein Gott, als ich schrie zu dir, da machtest du mich gesund"* *(Psalm 30, 2.3).*

Wenn Sie Verantwortung für sich selbst übernehmen, dann heißt das nicht, daß Sie egoistisch sind oder sich immer an die erste Stelle setzen. Es bedeutet vielmehr, daß Sie daran arbeiten, innerlich zu wachsen und sich verantwortungsvoll und diszipliniert zu ändern, um so die Auswirkungen zu überwinden, die der Alkoholmißbrauch eines anderen auf Ihr Leben hat. So werden Sie frei, um das Beste aus Ihrem Leben zu machen.

## Sind Sie „krisensüchtig"?

Ein Grund dafür, daß es Ihnen so schwer fällt, Ihre Aufmerksamkeit von dem Alkoholabhängigen ab- und sich selbst zuzuwenden, ist vielleicht „Krisensucht".

Viele Alkoholikerfamilien scheinen ständig von einer Krise in die nächste zu schlittern. Ich meine mit Krise jede Situation, die so unausweichlich, traumatisch oder aufwühlend ist, daß man ihr für eine Weile seine volle Aufmerksamkeit widmen muß. Wortgefechte, ein Unfall, die Kündigung der Arbeitsstelle, Mißhandlungen – dies sind nur einige der Krisen, die viele Alkoholikerfamilien regelmäßig erschüttern. Dann werden alle normalen Aktivitäten auf ein Minimum reduziert, während die Krise das ganze Denken und Fühlen in Anspruch nimmt. Selbst wenn dabei doch noch etwas Zeit und Kraft für die alltäglichen Dinge da ist, bleibt doch vieles unerledigt.

Derartige Krisen gefallen uns natürlich nicht. Und dennoch kann es uns mit der Zeit völlig normal vorkommen, so zu leben. Wir meinen dann, es habe sowieso keinen Sinn, Pläne zu machen, weil sie ja doch im nächsten Moment wieder zunichte werden. So treiben wir von einer Aufregung in die nächste. Gibt es dann eine Zeitlang keine Krisen, erscheint uns das Leben tatsächlich langweilig. Wir können uns einfach nicht an einen normalen, geregelten Alltag gewöhnen, wo wir zum Beispiel das Laub aus der Einfahrt fegen, die Wäsche fertig machen oder den Kleinen beim Lernen helfen. Wenn dann eine neue Krise auf uns zukommt, ist es fast eine Erleichterung, sich hineinstürzen zu können.

Dabei gebrauchen wir oft genug die Krise als Vorwand, um uns aus der Verantwortung für unser Leben herauszustehlen. Wir denken: „Wer kann mir schon übelnehmen, daß ich so undiszipliniert bin? Schließlich muß ich dauernd alles stehen- und liegenlassen, weil mein Mann wieder einmal in der Patsche sitzt oder einen Streit vom Zaun bricht.“

Eine meiner Bekannten, Anne, war krisensüchtig. Auch nachdem sie sich von ihrem gewalttätigen, alkoholkranken Mann getrennt hatte, war sie ständig in irgendeine Krise verwickelt. Wenn es dabei nicht um ihren Mann ging, dann ging es um ihren Sohn, die Geschäftspolitik ihrer Firma oder um das Verhalten eines Bekannten, der sie ausnutzen wollte. Jeder dieser Zwischenfälle brachte sie für zwei oder drei Tage vollkommen durcheinander. Während dieser Zeit vernachlässigte sie ihr Aussehen und ihre Wohnung, ernährte sich nur noch von Kaffee und Kuchen und verbrachte Stunden am Telefon, um die Sache mit ihren Freunden zu besprechen.

Natürlich gibt es Krisen, denen wir nicht ausweichen können und die uns zum Eingreifen zwingen. Doch oft handelt es sich lediglich um vorhersehbare Stationen im Verlauf der Alkoholkrankheit, auf die wir nicht unbedingt reagieren müssen. Und manche Notfälle können sogar zu wirklichen Wendepunkten werden, an denen wir die Möglichkeit haben, unser Leben zum Besseren zu verändern.

Wie können Sie mit einer Krise angemessen umgehen? Als erstes sollten Sie versuchen, ruhig darüber nachzudenken, was zu tun ist, damit Sie selbständig agieren, also handeln können, statt bloß auf irgendetwas zu reagieren. Stellen Sie sich folgende Fragen:

- Ist das Geschehene wirklich so wichtig?
- Ist es meine Sache, mich da einzumischen?
- Übernehme ich die Verantwortung anderer?
- Gibt es etwas Konstruktives, was ich hier tun kann?
- Wie kann ich hier und jetzt Abstand von all dem bekommen?

## Denken Sie positiv

Machen Sie sich neu bewußt, daß Sie Ihr Denken kontrollieren können, und daß Ihr Denken Ihr Leben bestimmt. Wenn Sie Ihre „Krisensucht" loswerden wollen, müssen Sie die Kontrolle über Ihre Gedanken bekommen.

Denken Sie daran, daß Sie Ihre Einstellung ändern können, indem Sie sich auf positive Dinge konzentrieren – auf etwas, das Sie gerade tun oder das Sie an diesem Tag noch vorhaben. Wenn zerstörerische oder negative Gedanken in Ihnen hochkommen, dann weisen Sie sie im Namen Jesu zurück und ersetzen Sie sie durch positive. Das heißt nicht, daß Sie unangenehme Tatsachen verleugnen sollen. Aber widerstehen Sie der Versuchung, über Ihr Elend zu brüten und in Selbstmitleid zu versinken. Setzen Sie sich mit Ihren seelischen Verletzungen auseinander und lassen Sie sie dann hinter sich. Sorgen Sie dafür, daß Ihre Wunden heilen können – dann können sie Sie nicht mehr beeinflussen. Und hören Sie auf, den Alkoholkranken als Entschuldigung für Ihre schwachen Seiten zu benutzen. Das ist genauso unwahr, wie wenn er sagt, er tränke nur Ihretwegen.

## Setzen Sie sich Ziele

Könnten Sie sagen, was Ihre Ziele für diesen Tag, die kommende Woche oder dieses Jahr sind? Leider haben viele, die sich in die Probleme eines anderen haben verstricken lassen, keine Antwort darauf. Zu sehr haben sie sich daran gewöhnt, immer nur von einer

Krise in die nächste zu schliddern. Vielleicht sagen Sie: „Ich will einfach nur den heutigen Tag überstehen."

Doch nur diesen Tag zu überstehen, ist nicht genug. Natürlich ist es schwer, wenn Ihre Pläne immer wieder zunichte werden, weil sich der andere unberechenbar verhält oder weil Sie darauf überzogen reagieren. Hören Sie trotzdem nicht auf, Pläne zu machen, und seien Sie bei ihrer Verwirklichung geduldig und flexibel.

Das Abstecken von Zielen widerspricht auch nicht dem, daß Sie immer nur einen Tag auf einmal leben sollten. Denn an diesem einen Tag können Sie Ihre Ziele verfolgen, einen kleinen Schritt nach vorne tun. Wenn Ihnen Ihre Ziele zu groß erscheinen, dann zerlegen Sie sie in überschaubare Schritte, von denen der erste klein genug ist, um ihn schon heute in Angriff zu nehmen. Wenn Sie zum Beispiel davon träumen, Lehrerin zu werden, dann können Sie schon heute in die Bücherei gehen, um sich über den Studiengang zu informieren. Wenn Ihr Haus unordentlich geworden ist und Sie es gern aufräumen möchten, dann können Sie schon heute all die alten Zeitschriften wegbringen, die Sie sowieso nie wieder lesen werden.

Nebenbei bemerkt, ist eine aufgeräumte Wohnung ein empfehlenswertes Ziel. Nicht, daß Sie einen Putzfimmel entwickeln sollten. Aber ein gewisses Maß an Ordnung ist schon wichtig für das Wohlbefinden. Auch spiegelt das Chaos in der Wohnung den inneren Zustand der Familie wider. Wenn Sie etwas davon abhält, den kleinen Schritt zu machen, den Sie sich für heute vorgenommen haben, dann tun Sie ihn statt dessen morgen. Geben Sie aber niemals auf!

Hier noch ein paar Beispiele für Langzeitziele und die Schritte, die Sie schon heute tun können:

- „Ich will dieses Jahr die Bibel ganz durchlesen." (Ich werde heute drei Kapitel lesen.)
- „Ich will mehr Zeit mit meinen Kindern verbringen." (Morgen wird es wahrscheinlich sehr warm draußen, dann können wir ins Schwimmbad fahren.)
- „Ich möchte gern zehn Kilo abnehmen." (Ich werde dieses Stück Kuchen nicht essen.)
- „Ich würde gern wieder anfangen zu malen." (Ich suche mir

einen Bleistift und nehme mir eine halbe Stunde Zeit, um etwas zu skizzieren.)

Es gibt fast nichts, was Sie nicht erreichen können, wenn Sie klein anfangen. Ganz wichtig ist allerdings, daß Sie *jetzt* anfangen. Stecken Sie sich ein oder zwei Ziele, nicht acht oder zehn. Legen Sie sich ein Heft an, in dem Sie aufschreiben, was für Schritte Sie bereits unternommen haben. So können Sie Ihre Fortschritte verfolgen. Belohnen Sie sich selbst, um sich zu motivieren. Überlegen Sie, was Sie sich selbst gönnen wollen, wenn Sie ein bestimmtes Ziel (oder ein Teilziel) erreicht haben.

## Und was ist mit den Kindern?

Wenn Sie Kinder haben, dann sollten Sie schon allein ihretwegen versuchen, Ihr Leben wieder unter Kontrolle zu bekommen. Kinder eines Alkoholkranken werden häufig ebenfalls alkoholkrank oder co-abhängig. Die beste Möglichkeit, den Kindern zu helfen, ist die, daß Sie sich selbst helfen. Wenn Sie den Teufelskreis der kranken Beziehung durchbrechen, werden Ihre Kinder nicht so leicht hineingeraten. Wenn Sie sie versorgen und ihnen trotz des Chaos in der Familie das Gefühl vermitteln, daß sie geliebt sind. Wenn Sie an der Verbesserung der Familienatmosphäre arbeiten, dann hilft das Ihren Kindern, seelisch so stabil zu werden, daß sie als Erwachsene gute Entscheidungen treffen können.

Die äußeren Bedürfnisse der Kinder – Schutz, gesunde Ernährung, Schlaf, Hygiene, ordentliche Kleidung, medizinische Versorgung – müssen auf jeden Fall erfüllt werden. In Alkoholikerfamilien werden diese Bedürfnisse wider besseres Wissen der Erwachsenen oft vernachlässigt. Erinnern Sie sich immer wieder daran, wie wichtig es ist, diese Bedürfnisse Ihrer Kinder zu erfüllen.

Die emotionalen Bedürfnisse eines Kindes sind vielleicht noch wichtiger als die körperlichen. Kinder müssen sich geborgen und geliebt fühlen. Sie brauchen es, daß sie immer wieder einmal von Ihnen in den Arm genommen werden und dann von Ihnen hören, wie lieb Sie sie haben. Ebenso wichtig ist es für die Kinder zu erfahren, daß Gott sie geschaffen hat und sie liebt. Und außerdem brauchen sie Schutz vor jeglicher Form von Mißbrauch. Auch müssen die Kinder über den Alkoholismus und andere Familienprobleme offen und ehrlich mit zumindest einem Elternteil oder einem nahestehenden Erwachsenen sprechen können. Und sie brauchen auch ein vernünftiges Maß an Aufgaben im Haushalt.

Mischen Sie sich nicht mehr als unbedingt nötig in die Beziehung des Kindes zu seinem alkoholkranken Vater ein. Wird das Kind allerdings körperlich mißhandelt oder sexuell mißbraucht, dann müssen Sie sich bedingungslos vor es stellen und es schützen. Doch sonst sollten Sie sich nicht einmischen, wenn Ihr Partner die Kinder diszipliniert oder in ihr Leben miteinbezogen werden will. Es gibt auch keinen Grund, den Alkoholkranken vor den Kindern zu „beschützen", indem Sie sich als Vermittler in ihre Meinungsverschiedenheiten einmischen oder die Kinder wegschicken, wenn er sich nicht gutfühlt. Das Ziel sollte sein, eine Eltern-Kind-Beziehung aufzubauen, die so normal ist wie möglich.

Es ist nie zu spät für Veränderungen, auch dann nicht, wenn die Kinder schon Teenager oder junge Erwachsene sind und durch den Alkoholismus daheim schon geschädigt worden sind. Auch dann ist Ihr Beispiel für sie noch immer wichtig. Wenn sie mitbekommen, daß sich Ihr Leben zum Guten verändert, dann werden sie wissen wollen, warum und wie das geschehen ist. Dann können Sie mit ihnen darüber sprechen und ihnen helfen, auch ihr eigenes Leben zu verändern.

## Selbstdisziplin und innere Festigung

Schlechte Angewohnheiten abzulegen kann Ihnen helfen, die Kontrolle über Ihr Leben zurückzubekommen. Gibt es vielleicht etwas, woran auch Sie gebunden sind, wie zum Beispiel Medikamente, Zigaretten, unkontrolliertes Kaufen oder Fernsehen? Nur zu leicht versuchen wir, mit diesen Dingen das Defizit zu füllen, das entstanden ist, weil unsere wirklichen Bedürfnisse unerfüllt geblieben sind. Deshalb ist es wichtig für Sie, daß Sie sich um Ihre echten Bedürfnisse kümmern und für sich selbst sorgen. Sie werden dann der Versuchung, sich Ersatzbefriedigungen zu verschaffen, leichter widerstehen können.

Es kann auch eine Hilfe sein, wenn Sie Versuchungen schon im voraus begegnen. Wenn Sie mit dem Essen Probleme haben, dann kaufen Sie nicht so viele Süßigkeiten. Geben Sie leicht zuviel Geld aus, dann geben Sie Ihre Euroscheckkarte der Bank wieder zurück. Sind Sie durch Pornographie gefährdet, dann halten Sie sich von den entsprechenden Geschäften fern. Wenn Sie leicht in Versuchung geraten fremdzugehen, dann verabreden Sie sich nicht mit Personen des anderen Geschlechts.

Und was ist mit Trinken? Es ist keine Sünde, Alkohol zu trinken. Aber ich meine, daß jeder, der mit einem Alkoholkranken zusammenlebt oder -gelebt hat, mit Alkohol äußerst vorsichtig umgehen, besser noch alkoholfrei leben sollte. Dafür gibt es verschiedene Gründe. Zum einen könnten Sie sich selbst gefährden, wenn Sie trinken, weil durch Alkohol bei jedem Menschen Reaktionsfähigkeit und Hemmschwelle herabgesetzt werden. Wenn Sie einen alkoholkranken Elternteil oder abhängige Großeltern hatten, dann sind Sie zudem auch selbst anfällig für diese Sucht. Sie sollten auch daran denken, was für ein Beispiel Sie anderen Alkoholgefährdeten geben. Wenn Sie abstinent leben, haben Sie außerdem die einzigartige Möglichkeit, Ihren Familienangehörigen zu zeigen, daß man auch ohne Alkohol froh und unbeschwert leben kann.

Sie brauchen viel Selbstdisziplin, um Tag für Tag mit kleinen Schritten auf Ihr Ziel zuzugehen. Sie brauchen Selbstdisziplin, um die Dinge zu vermeiden, die für Sie nicht gut sind. Und Sie brauchen Selbstdisziplin, um Ihre Verantwortung in der Familie wahrzunehmen und die Kontrolle über Ihr Leben zurückzugewinnen, statt sich von jedem Windstoß umblasen zu lassen. Doch es lohnt sich für Sie, denn nur so werden Sie die zerstörerischen Strukturen in Ihrer Familie und Ihrer Ehe durchbrechen können.

In diesem Kapitel haben wir eine ganze Reihe von anscheinend unzusammenhängenden Punkten angesprochen. Der Zusammenhang liegt im Konzept der inneren Festigung. Diese bedeutet, daß Sie klare Wertvorstellungen entwickeln und sich danach verhalten. Dann brauchen Sie sich vor niemandem mehr zu verstecken – Sie haben ein reines Gewissen. Sie können mit Zuversicht handeln, statt nur zu reagieren mit Ängsten, Unsicherheit und dem Wunsch, allen zu gefallen.

Sie werden das Richtige tun können, weil es richtig ist, nicht wegen der zu erwartenden Reaktionen.

Wenn so Ihre innere Festigung wächst, wird es Ihnen nicht mehr soviel ausmachen, daß Sie den Alkoholkranken nicht glücklich machen können. Sie werden feststellen, daß niemand einen anderen Menschen glücklich machen kann, sondern jeder für sein eigenes Glück verantwortlich ist. Sie werden sich um Ihre eigenen, klar umrissenen Verantwortlichkeiten kümmern. Sie wissen dann, wo die Grenze zwischen Ihnen und anderen verläuft. Sie bauen keine hohen Mauern, setzen aber Grenzen. Krisen können Sie wesentlich leichter bewältigen, weil Ihr Leben glücklich und erfüllt ist. Sie übernehmen die Verantwortung für sich selbst und Ihr Leben und sind darin ein gutes Beispiel für Ihre Kinder, andere Angehörige und auch für Ihren alkoholkranken Partner.


*Zum Nachdenken über ...*

... Ihr Denken und Ihre Einstellung: Philipper 4, 8; 1. Petrus 4, 8.
... Ziele: Philipper 2, 3.4; 3, 13.14.
... Versuchung: Matthäus 26, 41; Römer 6, 12.
... innere Festigung: 1. Chronik 29, 17; Psalm 25, 20.21.

# Teil VII:
# Gesunde Beziehungen aufbauen

## Kapitel 19:
## Erweitern Sie Ihren Horizont

*„Wer mit den Weisen umgeht, der wird weise; wer aber der Toren Geselle ist, der wird Unglück haben" (Sprüche 13, 20).*

Bis jetzt haben wir uns auf Ihre Beziehung zu dem Alkoholkranken und Ihre Einstellung sich selbst gegenüber konzentriert. Nun soll es um Ihr Verhältnis zu den anderen Menschen gehen, die um Sie herum leben.

### Überwinden Sie Ihre Isolation

Man kann den ganzen Tag lang unter Leuten sein, ohne wirklichen Kontakt zu jemandem zu haben. Sicher haben Sie das auch schon erlebt. Einige Anzeichen, die Sie erkennen lassen, ob Sie sich emotional zu sehr abschotten:

- Es gibt niemanden, mit dem Sie über Ihre Probleme reden können.
- Ihre sozialen Kontakte beschränken sich auf andere Alkoholkranke und deren Familien.
- Sie haben keine „normalen" Freunde, weil Sie sich ihnen gegenüber zu sehr schämen würden.
- Alte Bekannte haben den Kontakt zu Ihnen abgebrochen, weil sie mit dem unberechenbaren Verhalten des Alkoholkranken nicht zurechtkamen.

- Sie haben sich von alten Freunden distanziert, haben die Mitarbeit in der Gemeinde oder einem Verein aufgegeben, weil Ihr alkoholkranker Partner dagegen war und Ihnen deswegen das Leben schwergemacht hat.
- Sie haben sich von Ihrem Partner überreden lassen, irgendwo hinzuziehen, wo Sie niemanden kennen.
- Sie können keine Selbsthilfegruppe besuchen oder Beratung in Anspruch nehmen, weil der Alkoholkranke dagegen ist oder Sie nicht einmal darüber reden können.
- Sie haben das Gefühl, daß niemand Sie versteht.

Wie schon erwähnt, will der Alkoholkranke Sie total isolieren, damit er und die Krankheit Sie vollkommen beherrschen. Wenn Sie Ihren Partner wirklich lieben, müssen Sie diese Beeinflussungsversuche zurückweisen, denn sie schaden dem Suchtkranken ebenso wie Ihnen selbst.

Überwinden Sie Ihre Ängste und Tabus. Gehen Sie zur Gemeinde oder zu Ihrem Verein. Besuchen Sie Ihre „normalen" Freunde – wenn nötig allein, wenn Ihr Mann außer Haus ist. Lassen Sie sich nicht dazu überreden wegzuziehen, womöglich irgendwohin, wo Sie niemanden kennen. Wenn Sie meinen, daß Sie Hilfe brauchen, nehmen Sie sie in Anspruch. Wenn Ihr Partner Ihnen sagt, Sie könnten abends nicht weggehen, weil er sich nicht um die Kinder kümmern könne, dann besorgen Sie sich einen Babysitter oder geben Sie die Kinder zu Freunden. Vor allem aber lassen Sie sich nicht weismachen, daß Sie ihm helfen, sich zu bessern, wenn Sie sich ihm völlig hingeben und sich selbst dabei aufgeben.

## Vertrauen Sie sich jemandem an

Natürlich sollten Sie Ihre Probleme in erster Linie Gott anvertrauen. Aber es ist ganz normal, wenn Sie darüber hinaus auch das Bedürfnis haben, sich bei einem Menschen auszusprechen, bei jemandem, der Ihnen nahesteht und so vertrauenswürdig ist, daß er Ihre Probleme erfahren und alles über Sie wissen kann. Solch ein Freund oder eine Freundin kann Ihnen helfen, Ihr Selbstmitleid zu überwinden, sich weniger alleingelassen zu fühlen und die innere

Spannung zu lösen, die entstanden ist, weil Sie alles in sich hineingefressen haben.

Welche Eigenschaften sollte so ein Freund oder eine Freundin haben? Er oder sie sollte ...

- ... ein reifer Christ sein, dessen Leben vom Glauben geprägt ist.
- ... ein Grundwissen über Alkoholismus haben.
- ... ein guter Zuhörer sein, der Sie nicht ständig unterbricht, Sie nicht so schnell mißversteht und Sie nicht mit unerwünschten Ratschlägen bombardiert.
- ... in der Regel nicht zur Familie gehören. Verwandte haben meist nicht den notwendigen Abstand und ergreifen zu leicht Partei.
- ... ein Geheimnis für sich behalten können. Achten Sie darauf, ob er oder sie viel über andere redet. Wenn ja, dann wird er oder sie wahrscheinlich auch über Sie und Ihre Probleme reden.
- ... Sie nicht mit Mitleid erdrücken, sondern Ihnen helfen, vernünftige Entscheidungen zu treffen.
- ... nicht so schnell geneigt sein, Sie „retten" zu wollen – Ihnen also Entscheidungen abzunehmen, Schritte für Sie zu tun oder Ihnen Verantwortung abzunehmen.

## Die lieben Verwandten

Auch ohne Alkoholismus bestehen innerhalb der Verwandtschaft oft recht komplizierte Beziehungen. Verwandte neigen oft dazu, sich zu sehr mit den Problemen der anderen zu beschäftigen. Sie meinen, die passenden Antworten für sie parat zu haben. Es ist großartig, wenn man Verwandte hat, die für einen da sind, wenn Not am Mann ist. Aber Sie sollten sie um jeden Preis davon abhalten, Sie oder den Ihren alkoholkranken Partner retten zu wollen.

Wenn es in Ihrer Verwandtschaft noch mehr Alkoholkranke, Drogenabhängige oder Co-Abhängige gibt, dann stehen diese Probleme wahrscheinlich zu sehr im Mittelpunkt. Ungesunde, verworrene Beziehungen sind in der Familie dann so vertraut, daß man gar nicht weiß, wie eine normale, gesunde Beziehung aussieht. Wenn Sie dann eine Beratungsstelle aufsuchen, sich einer

Selbsthilfegruppe anschließen und anfangen, Ihr Leben wieder in die eigenen Hände zu nehmen, werden die anderen Sie oft überhaupt nicht verstehen.

Wenn Familienmitglieder Sie ständig herunterziehen oder Sie wegen Ihrer gelungenen Veränderungen angreifen, kann es notwendig sein, daß Sie sich eine Zeitlang von ihnen fernhalten, auch wenn das die anderen aufregt. Sagen Sie sich: „Natürlich können sie mich nicht verstehen. Sie sind genauso, wie ich es einmal war." Versuchen Sie nicht, ihnen die Wahrheit aufzudrängen. Auch Ihre Angehörigen brauchen Zeit, bevor sie sich der Wahrheit stellen können – wie Sie.

Wenn Sie aufhören, den Alkoholkranken retten zu wollen, weil Sie inzwischen mehr über Alkoholismus wissen, übernimmt möglicherweise einer Ihrer Verwandten die Rolle des Retters. Vielleicht leiht jemand dem Alkoholkranken Geld, fährt ihn nach Hause, wenn er betrunken ist, schlägt sich mit der Polizei herum, lügt für ihn und übernimmt seine Aufgaben. Weil Sie mittlerweile wissen, wie schädlich solche Rettungsversuche für einen Alkoholkranken in Wirklichkeit sind, wird Sie das wahrscheinlich sehr ärgern. Vielleicht werden in Ihnen auch die alten, unberechtigten Schuldgefühle wieder wach: „Eigentlich müßte ich mich ja um ihn kümmern." Rufen Sie sich dann ins Gedächtnis, was Sie über feste, konsequente Liebe gelesen haben.

Noch schlimmer wird es, wenn Ihnen dann jemand vorwirft, Sie kümmerten sich nicht genug um Ihren Mann. Lassen Sie sich trotzdem nicht beirren, denn Sie können in dieser Situation sowieso nichts tun, um vor dem selbsternannten Retter wieder besser dazustehen. Warten Sie einfach ab und hoffen Sie darauf, daß der „Wohltäter" eines Tages ebenfalls einsichtig wird. Wenigstens haben Sie dadurch mehr Freiraum für sinnvolle Tätigkeiten.

## Sie können die Welt nicht retten

Kennen Sie das „Hallo-ich-rette-die-Welt-Syndrom"? Ist es immer so, daß Ihre Freunde Sie brauchen, und kaum einmal umgekehrt? Mischen Sie sich in die Streitigkeiten anderer ein und spielen den

Friedensstifter? Bekommen Sie manchmal Ärger, weil Sie unerwünschte Ratschläge geben? Übernehmen Sie Dinge für andere, die diese selbst tun könnten und sollten? Achten Sie bewußt darauf, daß Sie es mit Ihrer Fürsorge nicht übertreiben, weil Sie sonst leicht wieder in die Lage kommen, andere retten zu wollen, die für sich selbst sorgen sollten.

Wenn Sie über längere Zeit mehr als die Hälfte der „Arbeit" in einer Beziehung übernehmen, dann sind Sie wahrscheinlich in die Rolle des „Retters" geschlüpft. Und wozu führt das? Zwar kommen Sie sich in Ihrer Rolle sehr aufopferungsvoll und unentbehrlich vor, aber Ihre Beziehung wird dadurch früher oder später wahrscheinlich zerstört. Denn wenn man einem Erwachsenen die Verantwortung für sein Leben nimmt, indem man sich in alles einmischt, bringt einem das am Ende eher Ablehnung und Unmut ein als die erhoffte Dankbarkeit.

Sie sollten einmal gründlich überdenken, warum Sie so versessen sind auf Ihre Retterrolle: Haben Sie wirklich ein übergroßes Maß an Liebe für die Menschheit? Oder sieht es in Wirklichkeit so aus, daß Sie gern Macht über andere ausüben und wegen Ihrer Selbstaufopferung bewundert und geliebt werden wollen?

Es kann auch sein, daß nicht nur Ihr Partner, sondern auch seine Trinkkumpane mütterliche Gefühle in Ihnen wecken. Manchmal lebt so eine kleine Gruppe von Trinkfreunden in einer selbstgeschaffenen Fantasiewelt. Sie glauben einander ihre Lügensysteme und sind überzeugt, die Welt habe sich gegen sie verschworen. Dabei können sie so rührend erscheinen wie kleine Kinder, die sich in der großen, weiten Welt verirrt haben. Widerstehen Sie trotzdem der Versuchung, sie alle zu „retten". Andernfalls werden sie Ihre ganze Zeit in Anspruch nehmen. Arbeiten Sie lieber an Ihren eigenen Problemen. Verbringen Sie Ihre Zeit mit Menschen, die guten Einfluß auf Sie haben. Wenn Sie hin und wieder mit befreundeten Alkoholikerfamilien zusammen sind, dann erzählen Sie den anderen Co-Abhängigen, was Sie gelernt haben. Aber haben Sie Verständnis dafür, wenn sie es noch nicht aufnehmen können.

## Hilfe für Sie selbst

Bleiben Sie sich bewußt, daß Sie nicht allein mit der Alkoholkrankheit fertigwerden können. Es reicht auch nicht, ein Buch wie dieses zu lesen. Nehmen Sie deshalb Hilfe in Anspruch. Wählen Sie aus den verschiedenen Hilfsangeboten das aus, was Ihre jeweiligen Bedürfnisse am besten erfüllt.

Überall im Land gibt es beispielsweise Begegnungsgruppen des Blauen Kreuzes oder anderer Organisationen. In diesen Selbsthilfegruppen treffen sich Alkoholkranke sowie Familienmitglieder und nahe Freunde von Alkoholkranken, die ebenfalls Hilfe brauchen. In diesen Gruppen finden Sie immer Menschen, die Verständnis für Ihre Lage haben, von deren Erfahrungen Sie profitieren und die Ihnen helfen können, aus Ihrer Isolation herauszukommen. Wenn Sie wissen wollen, wo sich in Ihrer Nähe solch eine Gruppe trifft, dann wenden Sie sich an die im Anhang angegebenen Anschriften. Dort wird man Ihnen gern die entsprechenden Adressen und Telefonnummern nennen.

Auch persönliche Beratung kann Ihnen weiterhelfen. Es gibt in vielen Städten Suchtberatungsstellen. Dort finden Sie kompetente Fachleute, die Ihre Probleme verstehen und Ihnen weiterhelfen können. Auch Ihr Pastor oder Ihr Hausarzt können Sie beraten, wenn sie fundierte Kenntnisse über die Alkoholkrankheit haben (was allerdings leider nicht immer der Fall ist).

Seien Sie aber darauf gefaßt, daß eine Therapie harte Arbeit ist. Sie werden sich unangenehmen Gefühlen stellen und entscheiden müssen, welche Veränderungen Sie in Ihrem Leben vorzunehmen haben. Aber Sie werden im Laufe der Behandlung wahrscheinlich auch herausfinden, daß Sie mehr Kraft haben, als Sie jemals gedacht hätten. Auch sollten Sie damit rechnen, daß sich der Alkoholkranke dadurch bedroht fühlt, wenn Sie eine Beratungsstelle aufsuchen oder sich einer Selbsthilfegruppe anschließen. Machen Sie trotzdem weiter, schließlich ist es zu Ihrem Besten.

In vielen Städten gibt es außerdem Häuser für mißhandelte Frauen und deren Kinder, Selbsthilfegruppen für die Opfer von Mißhandlungen und Programme für Hausfrauen, die ins Arbeitsleben zurückkehren wollen. Außerdem steht Ihnen auch gesetzliche

Hilfe zur Verfügung, zum Beispiel, wenn Sie eine Scheidung in Betracht ziehen oder eine gerichtliche Verfügung brauchen, damit sich Ihr gewalttätiger Mann von Ihnen fernhält.

Auch Ihre Gemeinde kann Ihnen Hilfe bieten. Seelsorgliche Gespräche können sehr hilfreich sein. Zwar haben geistliche Leiter nicht immer Erfahrungen auf dem Gebiet des Alkohol- und Drogenmißbrauchs, manche jedoch sind· gut informiert. Als ich vor Jahren durch eine kurze Phase der Trennung ging, konnte mir mein Pastor gute Ratschläge geben. Bei der Wohnungssuche halfen mir sogar Leute, von denen ich dachte, sie würden mich verurteilen und zurückweisen.

## Hilfe für den Alkoholabhängigen

Ich möchte Sie auch ermutigen, sich umzusehen, welche Hilfsmöglichkeiten es in Ihrer Gegend für Ihren alkoholkranken Partner gibt: ambulante und stationäre Therapien, Beratungsstellen, Therapiegruppen und so weiter. Informieren Sie sich auch darüber, welche Behandlungskosten von Ihrer Krankenversicherung getragen werden. Dann sind Sie gut gerüstet, wenn Ihr Partner eines Tages Hilfe akzeptiert.

Behandlung kann Leben retten. Aber kein Behandlungsprogramm kann jemandem helfen, der keine Hilfe will. Deshalb hängt viel von der Motivation des Alkoholkranken ab. Es kommt jedoch auch vor, daß sich ein Alkoholkranker zwar nur auf Drängen seiner Angehörigen oder seines Arbeitgebers in ein Rehabilitationsprogramm begibt, dann aber im Laufe der Behandlung doch die entscheidende Motivation entwickelt, um frei zu werden. Aber auch wenn sich der Alkoholkranke nicht zu einer Behandlung entschließt, können Sie dafür sorgen, daß *Ihr* Leben sich wandelt.

*Zum Nachdenken über ...*

... Freundschaft und Hilfe: Sprüche 17, 17; 18, 24; Römer 8, 26-39.

# Kapitel 20:
# Zusammenfassung

*„Gott ist unsere Zuversicht und Stärke, eine Hilfe in den großen Nöten, die uns getroffen haben" (Psalm 46, 2).*

Ich möchte dieses Buch damit abschließen, daß ich die Grundgedanken jedes Kapitels wiederhole:

1. Das Trinken von alkoholischen Getränken ist eine tief verwurzelte gesellschaftliche Sitte, und die dadurch begünstigte Alkoholabhängigkeit ist ein schwerwiegendes soziales Problem, das uns alle berührt.

2. Wer Alkohol (oder andere Drogen) mißbraucht, fügt sich selber körperlichen, geistigen, seelischen, geistlichen und finanziellen Schaden zu. Nahestehende Personen leiden ebenfalls darunter.

3. Es ist kein Widerspruch zu behaupten, daß Trunkenheit eine Sünde und Alkoholismus eine Krankheit ist.

4. Wenn Sie sich fragen, ob jemand ernsthafte Trinkprobleme hat, ist die Antwort höchstwahrscheinlich „ja". Wenn Sie durch das Trinken eines anderen beeinträchtigt werden, ist es allerdings wichtiger, daß Sie sich mit Ihren Problemen auseinandersetzen, als daß Sie die korrekte Bezeichnung dafür finden.

5. Sie können niemanden dazu bringen, mit dem Trinken aufzuhören. Aber Sie können Ihre eigenen Lebensumstände verbessern, indem Sie Ihre Reaktionen auf das Trinken und Ihr damit verbundenes Verhalten ändern.

6. Alkoholkranke und die vom Alkoholismus in Mitleidenschaft gezogenen Familienangehörigen (Co-Abhängige) neigen dazu, das Alkoholproblem zu verleugnen. Bevor man weitere Schritte unternehmen kann, muß man diese Haltung aufgeben.

7. Es gibt eine richtige und eine falsche Art, den Trinker mit den Auswirkungen seines Verhaltens zu konfrontieren. Sie

verurteilen niemanden, wenn Sie feststellen, daß er ein bestimmtes Problem hat.

8. Eines der Symptome der Alkoholkrankheit ist Angst. Aber Gott bietet einige sehr praktische Möglichkeiten, um damit fertigzuwerden. Gehen Sie zu eigenem Handeln über!

9. Vertrauen ist die richtige Haltung Gott gegenüber, aber Vertrauen in irgend etwas oder zu jemand anderem als Gott ist manchmal fehl am Platze.

10. Um herauszufinden, was für Sie selbst und den Alkoholkranken wirklich gut ist, sollten Sie viel beten und gründlich nachdenken. Liebevolles Handeln hat immer vor Augen, was dem anderen auf lange Sicht zum Besten dient. Dieses Konzept nenne ich feste, konsequente Liebe.

11. Loslassen bedeutet, die seelische Abhängigkeit vom Alkoholkranken und die Fixierung auf seine Probleme abzulegen. Loslassen bringt Gelassenheit und Frieden.

12. Jeder Mensch trägt nur die Verantwortung für sein eigenes Handeln, nicht für das Handeln anderer. Sie müssen aufhören, den Alkoholabhängigen vor den Folgen seines Fehlverhaltens bewahren zu wollen.

13. Zorn und Ärger an sich sind erlaubt. Es ist besser, den Ärger zu erkennen, sich konstruktiv damit auseinanderzusetzen und die Realität anzuerkennen, als ihn zu schlucken und in Groll zu verharren.

14. Destruktive Gefühle wie Selbstmitleid, Neid, Selbstgerechtigkeit, mangelnde Vergebungsbereitschaft, falsche Schuldgefühle und Depressionen müssen erkannt und durch positive Gefühle ersetzt werden.

15. Auch wenn der Alkoholkranke seinen Selbsthaß auf Sie überträgt, können doch die meisten Streitigkeiten zu Hause vermieden oder abgeschwächt werden, wenn Sie sich klug verhalten.

16. Seelische und körperliche Mißhandlungen sowie Einschüchterungen sind schwerwiegende Probleme, die entschiedene Gegenmaßnahmen erfordern. Es hat nichts mit Liebe zu tun, wenn man sich gegenseitig zerstört. Im äußersten Notfall kann auch für Christen Trennung angesagt sein.

17. Sich selbst zu lieben bedeutet, den Wert anzuerkennen, den

Gott uns beimißt. Selbstachtung ist nicht Selbstsucht, und Sie können zerstörte Selbstachtung wiederherstellen.

18. Anstatt sich von einer Krise zur anderen treiben zu lassen, sollten Sie Ihr Leben wieder selbst in die Hand nehmen, indem Sie sich Ziele setzen und auf sie hin arbeiten.

19. Wenn die Alkoholabhängigkeit Ihres Partners Sie seelisch isoliert hat, können Sie neue Kontakte knüpfen und die Hilfe in Anspruch nehmen, die Sie brauchen. Und Sie können anderen Hilfe vermitteln.

Diese Gedanken sind das Ergebnis meiner eigenen Suche nach einem besseren Leben, die zehn Jahre oder mehr gedauert hat. Sie sind die Summe meiner persönlichen Erfahrungen. Ich bin kein Experte, kein Arzt oder Sozialarbeiter. Ich bin eine ganz normale Christin und versuche, im Glauben zu wachsen und das zu werden, was Gott aus mir machen möchte. Die in diesem Buch dargelegten Gedanken haben mir geholfen, eine stärkere und in sich gefestigtere Persönlichkeit zu werden – insbesondere als Ehefrau eines Alkoholkranken.

Ich hoffe, einiges davon hilft auch Ihnen, stärker, ja glücklicher zu werden. Gott segne Sie.

## Wohin Sie sich wenden können, wenn Sie Hilfe brauchen:

Blaues Kreuz in Deutschland e.V., Postfach 20 02 52,
42202 Wuppertal, Tel.: 02 02 / 6 20 03-40, Fax: 02 02 / 6 20 03-81

Blaues Kreuz der deutschen Schweiz,
Postfach 8957, CH-3001 Bern, Tel.: 0 31 / 3 02 11 42

Blaues Kreuz in Österreich,
Seeblick 37, A-9560 Feldkirchen, Tel.: 0 42 76 / 56 94

# Weitere Bücher aus dem Blaukreuz-Verlag Wuppertal und dem Blaukreuz-Verlag Bern

Karl Lask
**Der Kuß der Selene**
Frauen von Alkoholabhängigen machen Mut
3. Auflage
128 S., Pb., Illustrationen, z. Z. DM 19,80 / öS 149,– / sFr. 20,–

„Ach, was müssen Sie glücklich sein, daß Ihr Mann nicht mehr trinkt!" ist nur zu oft eine irrige Annahme. Denn trotz der Abstinenz des Partners kann es handfeste Probleme geben, die der Bearbeitung bedürfen. Die ergreifenden Berichte sind insbesondere dadurch wertvoll und hilfreich, daß sie aus dem persönlichen Erleben aufzeigen, wie diese Nöte überwunden werden können.

Karl Lask
**Wir brechen das Schweigen**
Kinder von Alkoholabhängigen wecken Hoffnung
136 S., Pb., Illustrationen, z. Z. DM 19,80 / öS 145,– / sFr. 20,–

Kinder aus Familien mit einer Suchtproblematik durchbrechen ein weitverbreitetes Tabu und berichten offen über ihr leidvolles Erleben. Die Kommentare des Autors, der jahrzehntelang intensiv mit Familienangehörigen gearbeitet hat, ermutigen Jugendliche, Eltern und Angehörige, über Gefährdungen nachzudenken und ihnen entgegenzuwirken.

Tom Klaus
**Wenn Vater zuviel trinkt**
Neue Perspektiven für junge Leute und ihre Helfer
104 S., Pb., Illustrationen, z. Z. DM 19,80 / öS 145,– / sFr. 20,–

Der Autor stammt selbst in einer Alkoholikerfamilie aufgewachsen. Er entfaltet anschaulich und mit zahlreichen Fallbeispielen die Regeln und Rollen, die in einer Alkoholikerfamilie unbewußt gelten. Zugleich weist er auf die schädlichen Langzeitfolgen hin, die die Alkoholabhängigkeit des Vaters oder der Mutter mit sich bringt. Das engagierte Buch läßt sich auf einen Punkt bringen: Du kannst deinen Vater oder deine Mutter nicht ändern – aber du kannst dich selbst ändern. Und das mit Erfolg.

# Weitere Bücher aus dem Blaukreuz-Verlag Wuppertal und dem Blaukreuz-Verlag Bern

Eberhard Rieth
**alkoholkrank?**
Eine Einführung in die Probleme des Alkoholismus für Betroffene, Angehörige und Helfer
12. überarbeitete Auflage
172 S., Pb., Illustrationen, z. Z. DM 21,80 / öS 187,– / sFr. 22,–

Alkoholismus – Krankheit oder moralisches Versagen? Ist Alkoholismus erblich? Können Alkoholiker geheilt werden? Haben religiöse Fragen eine Bedeutung für die Heilung des Alkoholkranken? Allgemeinverständlich werden Ursachen und Verlauf süchtigen Verhaltens aufgezeigt und Hilfen zum besseren Verständnis des Suchtkranken gegeben. Das Buch zeigt Wege zur Gesundung des Alkoholkranken und leitet Helfer und Angehörige zu neuer Partnerschaft an.

Ray Burwick
**Du bist besser, als du denkst**
Wege zu einem gesunden Selbstwertgefühl
3. Auflage
136 S., Pb., Illustrationen, z. Z. DM 19,80 / öS 155,– / sFr. 20,–

Viele Menschen finden keine Lebenserfüllung. Trotz gesicherter Verhältnisse sind sie plötzlich am Ende. Die verborgenen Ursachen: ein verzerrtes Selbstbild und ein schwaches Selbstwertgefühl. Der Autor (selbst Betroffener) zeigt authentische Wege zu einem gesunden Selbstwertgefühl. Zahlreiche eindrucksvolle Fallbeispiele vertiefen die Aussagen dieses Buches.

Arline Westmeier
**Die verletzte Seele heilen**
Gesundung durch Seelsorge – mit Fallbeispielen und Illustrationen –
6. überarbeitete Auflage
144 Seiten, Paperback, z. Z. DM 21,80 / öS 159,– / sFr. 22,–

Viele Menschen haben seelische Verletzungen verdrängt. Unerklärliche Verhaltensweisen sind die Folge. An zahlreichen Beispielen macht die Autorin deutlich: Es gibt Befreiung von der belastenden Vergangenheit. Vielen Ratsuchenden hat sie geholfen, sich ihren schmerzhaften Erinnerungen und Gefühlen zu stellen, sie an Jesus Christus abzugeben und sich von ihm dauerhaft heilen zu lassen.